현직 고등학교 교사가 알려주는

학교 공부의 비밀

학교 공부의 비밀

초판 1쇄 발행 | 2022년 5월 17일
3쇄 발행 | 2022년 11월 11일

지은이 | 기라성
발행인 | 최현숙
펴낸곳 | 도서출판 덤보

출판등록 | 2020. 03. 04 제2020-000006호

주소 | 서울특별시 강북구 도봉로95길 33, 1층(수유동)

전화 | 02-6013-3919

팩스 | 02-6499-8919

이메일 | rashomon2580@naver.com

인스타그램 | @dumbo_books

ⓒ 기라성, 2022, Printed in Seoul, Korea

ISBN 979-11-976741-3-6 13370

현직 고등학교 교사가 알려주는

학교 공부의
비밀

기라성 지음

도서출판 덤보

학교 공부에 관한 모든 것

이 책은 '온점'과 '쉼표'에 대해 이야기합니다

저는 10년 차 교사입니다. 고등학교라는 공간은 10대를 마무리하는 곳이지요. 그런데 모든 마무리가 아름답지만은 않습니다. 새로운 시작을 위한 기대보다는 아쉬움과 좌절로 인해 한숨 가득 지쳐있는 이들을 보며, 조금이나마 10대들을 위해 도움이 될 수 있는 길을 찾게 되었습니다.

삶은 언제나 연속적입니다. 고등학생이 되었다고 무조건 새롭게 시작할 수는 없습니다. 지금까지 살아온 방식이라는 게 있기 때문입니다. 그래서 단 하루라도 먼저 깨닫고, 이해하며, 준비해야 합니다. 대한민국 교육의 화두 가운데 '선행'이라는 것이 있습니다. 조금 더 유리한 지점을 선점하기 위한 방법을 의미합니다. 그런데 그 선행은 늘 '문제집'으로만 이뤄집니다. '어떻게' 혹은 '왜'가 없이 문제를 받아들이면 결코 효율적인 선행이 이뤄질 수 없습니다. 모든 순간에는 이유와 목적이 있어야 하며, 그래야 모두에게 똑같이 주어진 시간을 좀 더 가치 있게 사용할 수 있습니다. 그 가치를 일깨워주고자 학교 현장에 숨겨진, 아니 너무나 버젓이 드러나 있지만 아무도 관심 갖지 않았던 부분을 여러분에게 전해드리고자 합니다.

이 책은 '어떻게'와 '왜'에 대해 이야기합니다

저는 국어 교사입니다. 그렇다고 이 책에 '국어 영역 점수 올리는 방법'에 대한 내용만을 다루지는 않았습니다. 그보다는 '공부법을 공부하는 책'이라고 생각하면 좋을 듯합니다. 아니, '공부법을 공부하게 하는 책'이라는 표현이 더욱 적절하겠네요. 공부법은 절대 한 가지로 정해져 있지 않습니다. 본문에도 제시되어 있지만, '최선의 공부법'이 있다면 모두가 그 방법으로 최고의 대학에 진학하겠지요. 그렇지 않은 이유는 개인마다 노력의 차이도 있겠지만, 자신에게 적합한 공부법이 달라서일 겁니다.

그래서 이 책에는 '나만의 공부법'을 찾아가는 방법은 물론 그전에 고민해야 할 '어떻게', '왜'에 대한 답을 함께 제시했습니다.

물론 이 질문에 대한 답은 결국 여러분이 직접 찾아야 합니다. 인생을 살아내는 것은 결국 다른 누구도 아닌 나 자신이기 때문이지요. 누가 찾아줄 수 있는 답이 아닙니다. 공부법 관련 도서를 읽든 학원에 가든 혹은 유튜브에서 찾든 여러분만의 공부법을 구축하시되, 그 전에 이 책을 꼭 읽어보기를 바랍니다. 그 공부법을 찾아가는 길을 여는 데 큰 도움이 되리라 생각합니다.

이 책은 '동기'에 대해 이야기합니다

늦었다는 건 '(어차피) 늦었으니 해봤자 소용없다'라는 의미가 아닙니다. 학업에 있어 '늦는 경우'는 정말 다양합니다. 한동안 공부에 관심이 없다가 뒤늦게 해야겠다는 생각이 들어 무작정 공부에 뛰어든 경우도 있을 것이고, 갑자기 진로 목표가 바뀌어 새로운 분야에 대한 학습을 하게 되는 경우도 있을 겁니다. 그런데 이런 경우들만 늦은 것이 아닙니다. 몸이 안 좋아서 결석하는 친구들이 종종 있습니다. 그 친구는 늦은 것이 아닐까요? '하루 정도야…'라는 마음가짐이 문제입니다. 하루를 빠졌다면 그 하루만큼 분명 늦은 것이죠. 그 하루들이 쌓이고 쌓여 굉장히 긴 시간이 되어버린다는 것, 그걸 아셔야 합니다.

다시 이야기해 보겠습니다. '늦었다'라는 건 어떤 의미일까요?

늦었으니 '아, 늦었네?'라며 넘어갈 것이 아니라, '늦은 만큼 더 많이 애써야겠구나'라고 마음먹어야 함을 의미합니다. 이 책은 '늦었다'라는 의미를 전해드리는 것은 물론, '늦지 않도록' 도와주는 역할을 하기 위해 집필했습니다. 여러분이 학습 동기를 갖도록 도울 것입니다.

이 책은 그 어디서도 알려주지 않는 '학교 공부에 숨겨진 비밀'에 대해 이야기합니다

모두에게 똑같이 주어지는 고등학교 3년이라는 시간. 조금이라도 알고 시작하는 것과 그렇지 않은 것의 차이는 3년이 지나며 어마어마하게 벌어집니다. 대한민국에서 청소년이자 많은 경우 수험생으로 3년을 살아갈 여러분의 첫 번째 목적지인 대학, 그곳에 잘 정차할 수 있도록 돕고자 합니다. 고등학교라는 치열한 현장에 관하여 최대한 학교 공부의 비밀을 자세히 알려주고픈 선생님의 마음을 헤아려주었으면 합니다. 그럼, 지금부터 우리 함께 그 비밀을 하나씩 파헤쳐 보도록 하죠!

2022년 봄날에,
웅숭깊은 라쌤

차례

여는 글 | 학교 공부에 관한 모든 것   • 4

PART 1 고등학교 입학 전 갖춰야 할 공부의 기본

첫 번째 이야기

강력한 '이유'가 우릴 공부하게 만들 것이다   • 17

출발이 늦다면 더 빨리, 더 많이 달릴 것 | 대학에 가야 하는 이유를 생각해 볼 것 | 결국, 강력한 '이유'가 우릴 공부하게 만들 것이다!

두 번째 이야기

머리로만 하는 공부? 요즘은 '핵인싸'가 공부도 잘한다   • 24

핵인싸가 되어야 하는 이유 | 핵인싸가 되는 첫걸음, 당당하게 말하기 | 말을 잘하는 것의 이점은 생각보다 크다 | 핵인싸가 되려는 노력이 우리를 융합형 인재로 거듭나게 한다!

세 번째 이야기

새삼스러운 잔소리, 문해력① – '독서'   • 32

문해력, 문해력! | 문해력이 부족한 고등학생들이 겪는 어려움 | 일단, 무엇이든 읽을 것 | 세상에 나쁜 책은 없다

네 번째 이야기

새삼스러운 잔소리, 문해력② – 'NIE'   • 38

기본 중의 기본, NIE | 국어 공부의 시작이자 끝, NIE | NIE 활용의 기본 아이디어

다섯 번째 이야기

함께할 때 더욱 강력해지는 경쟁에서 이기는 힘   • 42

나와 경쟁할 자, 누구인가 | 절대평가, 나 자신과의 싸움 | 수능이든 내신이든 상대평가는 결국 사라진다 | '경쟁' 대신 '협력'으로 나아가야 할 때 | 협력학습 대비① – 적극성을 갖춰라! | 협력학습 대비② – 수다쟁이가 되어라! | 협력학습 대비③ – 집요하게 질문하라! | 새로운 시대, 경쟁에서 살아남는 법

여섯 번째 이야기

지치지 말고 시도해야만 하는 것
— 목표 달성을 위한 '실천계획 세우기' ①　•52

목표만 있다고 안심하면 안 된다 │ 목표 달성을 위한 실천계획의 중요성 │ 계획 세우기, 목표부터 다시 제대로 설정하자 │ '내 목표' 설정의 중요성을 인지하자 │ S.M.A.R.T.기법 — 구체적인 목표 설정 방법

일곱 번째 이야기

지치지 말고 시도해야만 하는 것
— 목표 달성을 위한 '실천계획 세우기' ②　•59

플래너를 활용하자! │ 목표와 계획은 복합적일 것 │ 시간의 '양'만을 계획에 포함하지 말 것 │ 작심삼일? 적어도 3일은 해낸다는 거잖아!

여덟 번째 이야기

왜 하지를 않니, EBS　•66

www.EBSi.co.kr로 접속! │ EBSi 활용 팁 1 – 수능 대비 │ EBSi 활용 팁 2 – 수시 │ EBSi 활용 팁 3 – 내신 │ 공부는 가르치는 사람보다 배우는 사람의 자세가 훨씬 중요하다

아홉 번째 이야기

미리 챙겨놓으면 알뜰살뜰 써먹게 되는 – '자격증 취득'　•72

한자 능력 검정 시험 │ 한국사 능력 검정 시험 │ '안 해도 된다'와 '하면 도움 된다'의 차이는?

열 번째 이야기

스마트폰은 우리의 적이 확실하다　•76

인정하자, 스마트폰 중독 │ 혼자 힘으로 통제되지 않을 땐 │ 결국 내가 마음을 먹어야 가능한 일

PART 2	고등학교 공부의 실전

**첫 번째
이 야 기**

고등학교 공부는 중학교 공부와 본질적으로 다르다 •85

어쩌면 이건 다른 차원에 존재하는 것일지도 몰라 │ 고등학교 공부는 암기로
해결되지 않는다 │ 공부를 하기 전에 공부법을 공부할 것

**두 번째
이 야 기**

슬퍼할 시간에 분석하라 •90

울 시간도 없다 │ 내신 대비 TIP – 출제자 성향 파악 │ 모고 대비 TIP① — 맞힌
문제도 다시 보자 │ 모고 대비 TIP② – 내 약점을 파악하라 │ 일체유심조의 의
미를 새기자

**세 번째
이 야 기**

학원, 가야 할까? – 스스로 학습 스타일 점검부터! •98

꼭 가야 할까? │ 나에게 맞는 사교육 유형을 찾을 것 │ 학습 스타일부터 점검할
것 │ 미래를 위한 올바른 선택에 집중할 것

**네 번째
이 야 기**

국어 공부, 어떻게 할 것인가? •104

나만의 '공부 방법론'을 구축하라, 단 하루라도 빠르게!(수능 기출) │ 조금씩 천
천히, 막막함을 없애나간다① – 비문학 │ 조금씩 천천히, 막막함을 없애나간다
② – 문학 │ 모든 공부의 시작, 읽기

**다섯 번째
이 야 기**

수학 공부, 어떻게 할 것인가? •111

더하기도 못 하는데 곱하기를? │ 답을 찾기 위해 다시 원점으로 돌아갈 필요
도 있다 │ 1등급을 원해? 그렇다면 개념부터 확실하게! │ 수학도 노트 정리가
필요하다 │ 야, 너도 수학 잘할 수 있어

여섯 번째 이 야 기 | **영어 공부, 어떻게 할 것인가?** • 118

어휘 암기, 예시 문장에 주목하라 | 이해했으면, 적용할 수 있어야 한다 | 수많은 독해 기술 중 내 거 하나가 없을까? | 교과서의 본문은 외워야 할까? | 영어를 잘하는 방법 vs 영어 시험을 잘 치르는 방법

일곱 번째 이 야 기 | **사회 공부, 어떻게 할 것인가?** • 126

수능 사회 탐구 과목 선택 방법 | 사탐은 고3 여름방학에 시작하는 거라고? | 사회 탐구 암기 방법 | 사회 탐구 단권화 | 외울 시간이 없어서 못 하는 것이 아니다

여덟 번째 이 야 기 | **과학 공부, 어떻게 할 것인가?** • 136

수능 과학 탐구 과목 선택은 무조건 좋아하는 과목으로! | 과학도 첫 단추가 중요하다 | 과학도 선행을 한다? | 주체적으로 다양한 과학 관련 활동에 참여할 것

아홉 번째 이 야 기 | **교양 과목은 공부하지 않아도 될까?** • 143

왜 안 하려는 거야? | 교양 과목에도 최선을 다해야 하는 이유 | 중요도가 다를 뿐, 중요하지 않은 순간은 없다

열 번째 이 야 기 | **시험의 목표는 '전 과목 만점' – 내신 관리를 위한 마음가짐** • 147

마음가짐을 넘어, 진짜 그래야만 하는 이유 | 완벽한 1등을 위해 가장 필요한 것은 시간 | 전교 1등처럼 공부하면 전교 1등이 될 수 없다

| PART 3 | 대학 입시의 실전 |

첫 번째 이야기 | **정시와 수시의 기본 그리고 비밀** • 155

정시는 뭐고, 수시는 뭐야? | 정시만 강조하는 학원은 당장 그만두는 것이 맞다 | 수시모집에 지원해야 하는 이유 | 내신 1등급만 '인서울'을 할 수 있을까?

두 번째 이야기 | **진로 희망 설정 방법** • 161

꿈은 반드시 하나의 '문장'일 것 | 그런데 왜, 다들 꿈이 비슷한 거지? | 진로 희망 대입 미반영? 우리에겐 '세특'이 있다! | 진로 설정에 실패했다면

세 번째 이야기 | **고교학점제의 진실① – 내신과 수능의 영향력 약화** • 169

'대학 서열화'는 절대 건드리지 않으면서! | 정말 고1 내신이 모든 것을 좌우할까? | '정시+수시'라는 새로운 입시 제도의 탄생? | 절대, '요행'을 바라서는 안 된다

네 번째 이야기 | **고교학점제의 진실② — 어떤 과목을 선택해야 하는가?** • 174

진로가 명확하다면 걱정하지 말 것 | 과목 선택을 경쟁력으로 승화시킬 것 | 진로가 명확하지 않더라도 걱정은 금물

다섯 번째 이야기 | **고교학점제의 진실③ — 학종은 곧 지적호기심이다** • 179

학생부 종합전형을 준비해야 하는 이유 | 학생부 종합전형, 어떻게 준비해야 할까?(수행평가) | 수행평가 꿀팁 노하우

여섯 번째 이 야 기 **고교학점제의 진실④ — 어떤 고등학교에 입학해야 하는가?** •185
들러리가 없는 학교를 가야 한다 | 4년제 대학 진학률이 중요한 이유 | 무엇이 중요한가

일곱 번째 이 야 기 **수능 시험장에서 해야 할 일, 하지 말아야 할 일** •189
본인의 루틴대로 할 것 | 시험장에 도착해서 무엇을 할 것인가 | 끝까지 학교에서 공부해야 하는 이유

마 지 막 이 야 기 **세상이 바뀌어도 절대 달라지지 않는 것들이 있다** •193
변화하는 교육정책 | 핑계를 만들지 말 것 | 목적지로 가기 위한 경유지를 설정할 것 | 내 편을 찾을 것

닫는 글 | 미약한 힘이라도 가닿길 바라는 마음으로 •198

PART 1

고등학교 입학 전
갖춰야 할
공부의 기본

"그런데, 넌 왜 공부를 잘하고 싶은데?"

과연 이 질문에 아이들은 무어라 답할까요?

열이면 열, 같은 대답을 합니다.

"대학…, 가려고요."

강력한 '이유'가
우릴 공부하게 만들 것이다

출발이 늦다면 더 빨리, 더 많이 달릴 것

✦

 여러분도 담임 선생님과 종종 '상담'이란 것을 할 겁니다. 고등학교 3학년이 되면 이 불편하고도 꼭 필요한 상담의 순간을 굉장히 자주 맞이하게 됩니다. 몇 달 전, 성적이 오르지 않아 고민이라는 우리 반 친구와 상담을 하게 되었습니다. 이 녀석은 3학년이 되기 직전 겨울방학에 코피를 쏟아가며 공부를 했다고 합니다. 뒤늦게 정신을 차린 것이죠. 그런데 고3이 되고 3월에 본 첫 모의고사에서 본인이 기대했던 만큼의 점수가 나오지 않았습니다. 아, 정확히 말하면 점수는 잘 나왔지만, '등급이나 등수'는 변동이 없었죠.

그 이후, 공부를 해도 머릿속에 내용이 잘 들어오지 않는다는 답답함을 제게 털어놨습니다.

점수는 올랐는데, 등수는 그대로다? 놀랍지도 않은 일입니다. 고3을 앞둔 겨울방학엔 누구나 다 공부를 열심히 하기 때문입니다. 모의고사 성적은 상대적이므로 성취하고자 하는 목표 등급은 결코 쉽게 얻을 수 없는 것이죠. 수년간 방탕한 생활을 하다 겨우 정신을 차려 남들처럼 공부를 시작했는데, '어라? 성적이 안 나오네? 역시 난 안 되는 건가?'라는 생각을 하며 좌절합니다. 누군가가 했던 말입니다. 늦었다고 생각할 때가 진짜 늦은 거라고. 남들처럼 똑같이 공부해선 안 됩니다. 늦은 만큼 두 배 세 배 더 노력해야 합니다. 여러분이 이런 좌절을 겪지 않으려면 일찌감치 공부를 시작하는 것이 맞습니다.

그러나저러나 우리 반 친구들은 가끔 담임 선생님을 '무당'으로 오해하는 듯합니다. 동전을 넣으면 늘 정답이 나오는 자판기처럼 생각하는 것이죠. 그런데 사실, 정답은 저도 모릅니다. 그래서 되묻곤 합니다.

"그런데, 넌 왜 공부를 잘하고 싶은데?"

과연 이 질문에 아이들은 무어라 답할까요?

열이면 열, 같은 대답을 합니다.

"대학…, 가려고요…."

대학에 가야 하는 이유를 생각해 볼 것

✦

"좋은 대학 가야 성공하는 거야."

어른들은 흔히 이렇게 말합니다. 그러나, 땡! 틀렸습니다. 요즘은 좋은 대학 출신이 아니어도 성공하는 사람들을 사회에서 흔히 볼 수 있습니다. 더군다나 미래가 다가올수록 새로운 세대는 이러한 현상이 더욱 빈번해질 것이라고 예상합니다. 시대는 계속해서 변화합니다. 그런데 부모님은 왜 여러분을 자꾸 대학에 보내려고 하실까요? 조금이라도 더 나은 대학을 보내려고 애쓰는 그 이유가 뭔지, 혹시 생각해 본 적 있나요? 실제로 명문대를 졸업하고도 취업에 어려움을 겪어 30대가 되도록 부모님께 용돈을 받아 생활하는 사람들의 이야기가 더는 낯설지도 않은 것이 현실입니다. 반면, 고졸 출신임에도 일찍이 취업하여 안정적인 수입원을 갖추거나 다양한 분야의 창업을 통해 큰 성공을 이룬 이들도 있죠. 그런데 말입니다. 이들이 대학을 나오지 않았다고 해서, 공부를 하지 않았다고 말할 수 있을까요?

스스로 '학습 동기'를 부여하고자 할 때 대학만을 목적에 두어선 안 됩니다. 동기가 사라지기 쉽기 때문이죠. 결론부터 말하자면, 여러분은 대학 이후의 삶을 그려봐야 합니다. 대학을 '과정'에 두라는 겁니다. 넓고 길게 봤을 때 대학은 내 성공을 위해 거쳐가는 곳이라는 인식이 필요합니다. 대학만이 목표여선 안 됩니다. 대학을 가고자 하는 행위와 심리에도 나름의 이유가 필요합니다.

'돈 많이 벌기 위해서' 공부하는 친구도 있습니다. 누군가는 이 동기를 두고 비난하는 이도 있을 겁니다. 그렇지만 제 생각에 이건 절대 문제가 되지 않습니다. 자본주의 사회에서 경제적 안정을 추구하는 것을 비난할 수는 없습니다. 다만, 돈에만 가치를 두는 것은 문제겠죠. 어쨌든 돈을 잘 벌고 싶은 꿈과 목표가 있다면? 우선 공부를 하십시오. 공부는 돈을 벌어다 줄 가능성을 높입니다. 앞서 '대학이 곧 성공은 아니다'라고 했지만, 대한민국 사회에서 대학은 성공을 위해 꽤 큰 영향력을 발휘합니다. 분명한 사실입니다. 모두가 그런 것은 아니지만, 상당수는 그렇죠. 자신의 목표를 성취하기 위해 꽤 유리한 방향과 길을 제시해 주는 것이 '대학'이 될 수 있습니다. 다만, '일단 대학만 들어가면 끝'이라고 생각하지 말고, 대학을 통해 자신의 목적을 성취할 수 있도록 장기적인 플랜을 계획하라고 말하는 것입니다. 그래야만 대학 입학 이후에도 성취를 위한 노력을 끊임없이 수행할 수 있습니다.

'쪽팔리지 않기 위해서' 공부하는 친구도 있습니다. 인간의 다양한 심리 중에는 '타인과의 비교를 통한 자기만족'이라는 것이 있습니다. 대한민국엔 이러한 '비교 문화'가 잘 발달해 있죠. 우리도 쉽게 경험합니다. 명절에 이러한 심리로 인해 자존심에 '스크래치'가 생기는 경험을 하곤 하니까요. 특히 일가친척이 많은 친구는 가족과 대화의 장에 참여하는 것이 꽤 힘들 수도 있습니다.

"반에선 몇 등 정도 하니?"

"대학은 어디 갈 거야?"

저 또한 대학을 가면 이런 이야기는 더는 안 들어도 될 줄 알았습니다. 그러나 끝이 아니었어요. 졸업할 때가 되니 'ㅇㅇ은 ㅇㅇ에 들어갔다던데'와 같은 취업에 대한 비교를 당해야 했고, 취업을 하고 나니 'ㅇㅇ는 연봉이 얼마라던데'와 같은 수입에 대한 비교를 당해야 했으며, 심지어 이젠 결혼 여부까지도 비교당하며 살고 있습니다. 현재진행형이죠. 많은 사람의 충고, 심지어 책들에서도 '그런 사람은 무시하라'라고 말하곤 하지만, 저는 조금 다르게 말하겠습니다.

"공부해서 이기면 되잖아!"

여러분이 현재의 인생을 역전시킬 수 있는 가장 쉬운 방법이 바로 공부입니다. 공부 외적인 재능이 있는 것이 아니라면, 지금 할 수 있는 최선의 방법이자 유일한 길이 바로 공부이기 때문입니다. '쪽팔리지 않기 위해 하는 것'도 동기부여의 한 방법이 될 수 있습니다.

'부모님께 효도하기 위해서' 공부하는 친구도 있습니다. 언젠가 TV에서 유명 강사가 학부모님들께 '아이들에게 대학을 강요할 거면 본인이 공부해서 가세요!'라고 말하는 장면을 본 적이 있습니다. 워낙 교육적인 측면에서 좋은 이야기를 많이 해주셔서 처음부터 끝까지 흡족하게 강연을 시청하고 있었는데, 이 장면만큼은 조금 다르게 생각해봐도 되지 않을까 하는 고민을 제게 던져주었습니다. 왜 부모라는 존재는 우리에게 늘 공부하라는 잔소리를 하는 것일까요? TV 속 강사님 말씀처럼 본인이 공부하면 되는 것 아닐까요?

이런 생각을 해봅니다. 우리네 부모님들은, 자신의 삶보단 자식의 삶을 더 중요하게 여기고 있는 것이 아닐까. 본인들이 살아본 세상은 절대로 호락호락하지 않았을 겁니다. 그리고 그 삭막한 세상에서 살아남는 자들은 대부분 '공부를 잘하고 좋은 대학에 진학한' 사람들이었겠죠. 그걸 아니까, 소중한 존재에게 힘을 갖추도록 이끌어주시는 겁니다.

시험에서 성적이 좋으면 부모님은 매우 기뻐하실 겁니다. 그리고 그 기분은 회사에서 일을 할 때나 집에서 요리할 때도 고스란히 이어지곤 합니다. 내 성적이 온 가족의 행복에 영향을 줄 수 있습니다. 행복은 성적순이 아니지만, 성적이 좋으면 꽤 행복합니다!

결국, 강력한 '이유'가
우릴 공부하게 만들 것이다!

✦

앞서 언급한 이유가 아니어도 됩니다. 그런데 각자 나름의 이유를 갖는 것은 분명 필요합니다. '남들이 하니까'와 같은 수동적인 자세는 학습 동기뿐 아니라, 인생의 모든 방면에서 그리 긍정적으로 작용하지 않을 것입니다. 공부하는 목적과 명확한 목표 설정이 선행되어야 할 필요성이 바로 여기에 있습니다. 그렇게 된다면 여러분의 노력에 대한 성취이자 보상, '성적'이란 선물을 건네받으실 겁니다. 맛보고 나면 그 달콤함에서 결코 벗어나고 싶지 않을 거라 확신합니다.

　강력한 이유를 만들어봅시다! 그 이유가 여러분을 공부하게 만들 테니까요.

머리로만 하는 공부?
요즘은 '핵인싸'가 공부도 잘한다

핵인싸가 되어야 하는 이유

◆

핵인싸. '크다'라는 의미를 지닌 신조어 '핵'과 주변 사람들과 두루두루 잘 지낸다는 의미의 '인사이더insider'가 합쳐진 합성어입니다. 쉽게 말하면 '다른 사람들과 매우 잘 지내는 사람' 정도로 이해할 수 있습니다. 그런데 제가 제시하고자 하는 '핵인싸'는 그 정도의 의미를 넘어섭니다. 잘 지내는 수준을 넘어 '다재다능한 팔방미인'을 내표하는 것이죠. 왜 핵인싸가 되어야 한다고 말하는 걸까요? 그것이 시대적 흐름이기 때문입니다. 대학교 홈페이지에 들어가면 그 대학에서 추구하는 '인재상'을 확인할 수 있습니다. 여러분도 한 번 확인해 보세요!

> 1. 포털에서 ○○대학교 검색
>
> 2. 각 대학교 홈페이지에서 대학소개 탭 확인
>
> 3. 비전이나 상징 혹은 교육이념 등을 확인

확인해 보면 알겠지만, 최근 들어 대학에서 추구하는 인재상 가운데 두드러지는 것 중 하나가 '융합형 인재'입니다. 융합이 뭡니까? 둘 이상의 요소가 합쳐지는 것을 말합니다. 그렇다면 융합형 인재는 무얼 말하는 걸까요? 다방면에서 뛰어난 인재를 의미하는 것이겠지요. 대학에서도 여러분이 이왕이면 '핵인싸'이길 원하고 있을 겁니다.

핵인싸가 되는 첫걸음,
당당하게 말하기

✦

핵인싸라고 해서 전교 1등의 학습 능력치, 선수급 운동신경, 예술가의 경지에 오른 악기 연주나 그림 실력, 이런 능력들을 갖추라는 것이 아닙니다. 그렇다고 국어, 영어, 수학은 물론 사회, 과학, 예체능 모든 과목에서 무조건 만점을 받으라는 것도 아니고요. 핵인싸에게 필요한 '자질'을 갖추라는 겁니다. 그것은 사회성, 자신감, 적극적인 자세와 같은 것들입니다. 그리고 저는 그중에서 '말하는 힘'을 키우라고 이야기하려 합니다.

아니, 이건 타고나는 것 아닌가? 갑자기 키운다고 키워진다는 말인가? 가능합니다. 자신 있게 말하지만, 누구나 가능합니다. 해보지도 않고 안 될 거라 여기는 잘못된 판단이 장애물인 거죠. '경험 속에 뛰어들고자 하는 용기'만 있다면 누구나 할 수 있어요!

저는 A형입니다. MBTI는 INFP! 굉장히 소극적이고 내향적인 성격을 지닌 사람이라 할 수 있을 겁니다. 실제로 사람들 앞에서 말하는 것에 대한 두려움은 여전히, 심지어 교사 생활을 하는 지금도 가지고 있습니다.

때는 바야흐로 2006년, 대학 입학 후 수강했던 여러 강의 가운데 〈문학과 사랑〉이란 교양 수업이 있었습니다. 모둠별로 다른 문학작품을 읽고, 그 작품을 소개하는 형식의 수업이었어요. 우리 모둠이 맡게 된 작품은 D. H. 로렌스의 《채털리 부인의 사랑》으로, 여러분이 보기엔 어쩌면 다소 외설적인 측면이 강한 작품이었습니다. 저는 가위바위보에 지는 바람에 그만 발표자가 되어야 했지요. 결론부터 말하자면, 저는 200명 앞에서 아주 '개망신'을 당해야 했습니다. 발표라는 행위에 익숙하지 않았고, 익숙했다 한들 수많은 사람 앞에 서 있는 상황만으로 이미 저의 말문은 꽉 막혀버렸으니까요. 생각의 회로가 갑자기 멈춘 느낌이었습니다. 겨우 정신을 차리고 몇 마디를 내뱉었지만, 다 헛소리였습니다. 십수 년이 지난 지금까지도 기억 속에 또렷하게 남아있는 제 인생 최대 치욕 중 하나입니다.

그날 이후, 치욕을 거듭하지 않기 위해 전 치밀한 계획을 세웠습니다. 당장은 지나갈 수 있지만, 교사를 목표로 하는 사람으로서 이러한 결함을 그대로 내버려 둘 수는 없었거든요. 말을 해야 하는 비슷한 상황이 생길 때마다 전 대본을 만들고, 모조리 외워버렸습니다. 심지어 그 대본 속에 담긴 농담까지도 말입니다. 연습은 분명 도움이 되었습니다. 발표를 거듭할수록 자신감이 생겼고, 경험이 쌓이면서 점점 말하기 기술이 생기더군요. 그것들이 쌓이고 쌓여 이젠 학생들 앞에서 여유를 부릴 줄도 아는, 말 그대로 '말로 먹고 사는' 직업을 가질 수 있게 되었죠. 제가 핵인싸라는 말을 하는 것이 아닙니다. 누구나 사람들 앞에서 말하는 능력을 갖출 수 있다는 말이죠! 야나두, 아니 "야, 너도 할 수 있어!"

말을 잘하는 것의 이점은
생각보다 크다

✦

그런데 말을 잘하는 것과 핵인싸가 되는 것 그리고 공부에는 어떤 상관관계가 있을까요? 아무래도 공부의 정의를 제대로 내려야만 이 주제를 원활하게 이야기할 수 있을 것 같습니다. 여러분이 생각하는 공부는, 아마 학교 내신 시험을 잘 보기 위해 문제집을 푸는 일 정도의 느낌이지 않을까 생각합니다. 이제는 그런 고정관념에서 벗어나야 합니다. 고교학점제, 학생부 종합전형 등 입시의 변화가 끝없이 발생하고 있는 지금, 우리의 초점은 교과서에서 벗어날 필요가 있습니다.

사회생활을 하는 어른들에게 '말하기 능력'이 분명 유용한 기술일 것이라는 데에는 쉽게 공감할 겁니다. 직업의 종류에 따라 다를 수 있겠지만, 대부분은 필수적인 그리고 갖추면 유리한 기술입니다. 그런데 이것을 대학도 알고 있습니다. 그 반증이 바로 대학에선 이미 오래전부터 학생들의 말하기 능력을 신장시키기 위한 수업을 이어왔다는 것입니다. 교수님의 강의로만 수업이 이뤄지는 것이 아니란 말입니다. '팀플'이라는 말이 낯설지는 않을 겁니다. '조별 과제' 말입니다. 그 조별 과제 안에는 다양한 역할이 존재합니다. 발표 · 자료 조사 · 자료 제작 · 팀장 등이 있죠. 내 역할만 할 줄 알면 된다? 아닙니다. 그러다가 내가 맡지 않은 부분에 대한 질의가 내게 들어오는 순간, 두고두고 남을 '이불킥'의 흑역사를 기록하게 될지 모릅니다. 역할 분배와 내용을 구성하는 모든 과정은 다름 아닌 '토론'으로 이뤄집니다. 물론 실제 대학 현장에선 자기 할 일만 끝내면 된다고 생각하는 학생들도 존재합니다만, 교수님들이 원하는 방향은 그런 것이 아닐 겁니다. 이상적인 팀플을 이

끄는 힘은 토론이며, 토론은 오느 순간 우리 사회에서 필요가 아닌 필수가 되어가고 있습니다.

그리고 이제, 고등학교에서도 이걸 알고 있습니다. 교과서로만 공부를 해선 안 된다는 걸 깨달은 것일까요? 새로운 교육과정이 개발되는 이유는 여러분을 미래를 이끌어갈 인재로 육성하기 위함입니다. 필요한 능력을 갖출 수 있게 해준다는 것이죠. 그래서 일선 학교에 요구합니다. 수업방식을 개선하고, 교사 혼자만 떠드는 그런 수업은 되도록 피하라고 말입니다. 그래서 저와 같은 교사들은 계속해서 고민을 이어가고 있고, 그에 따라 다양한 평가방식이 생겨나고 있습니다. 경기도 A고등학교 2학년 〈화법과 작문〉 과목의 평가계획표를 잠깐 볼까요?

평가 대상	(2) 학년				
평가 방법	지필평가 (40%)	수행평가(60%)			
평가 영역	2차 지필평가	입말로 수필 쓰기	인터뷰 및 자서전쓰기	건의문 작성하기	합계
영역별 만점	100점	100점	100점	100점	
영역별 반영비율	40%	20%	20%	20%	100%

앞의 표를 자세히 보면, 뭔가 빠진 것처럼 느껴지는 항목이 있을 겁니다. 네, 1차 지필평가입니다! 흔히 우리가 '중간고사'라고 부르

는 시험이 빠져있단 걸 알 수 있죠. 이러한 형태의 평가방식은 특정 학교, 특정 교과에만 해당하는 내용이 아닙니다. 최근 들어 교육부에서 이러한 형태의 평가방식을 권장하고 있거든요. 지필평가를 학기당 1회만 실시하는 방향이죠. 수행평가를 일정 비율 이상 실시하면 지필평가는 1회만 실시해도 되는 규정입니다. 이는 결국 평가방식의 다양성은 수행평가에서 좌우되는 것을 의미합니다. 이 수행평가가 대학 입시 수시모집의 합격 여부를 좌우하는 '내신'에 어마어마한 영향력을 끼치고 있습니다.

각 평가 제목에서 볼 수 있듯 말하기, 쓰기와 같은 자질이 여러분을 평가하는 데 활용되고 있음을 알 수 있습니다. 그리고 이는 개별 활동이 아닌, 모둠 활동으로 이뤄지는 경우가 많습니다. 토의 및 토론 주제를 가지고 모둠별로 의견을 나누는 과정부터 마지막 결과물을 완성하는 모든 순간이 다 평가항목인 셈입니다. 심지어 집에서 해올 수도 없습니다. 모든 평가는 학교 정규 수업 시간에 이뤄지기 때문이죠.

이런 변화는 무엇을 의미할까요? 교과서로 이뤄지는 공부가 중요하지 않다는 것이 아닙니다. 이에 더해 말하기 능력을 키우는 것 또한 '공부'에 포함되는 개념이라는 점을 이제는 알아야 한다는 말입니다. 분명 세상은 변화하고 있고, 우리도 그에 발맞춰, 이왕이면 조금이라도 앞서 미래를 준비해야 합니다.

핵인싸가 되려는 노력이
우리를 융합형 인재로 거듭나게 한다!

✦

　다가올 미래 사회를 선도할 인재가 되기 위해선 다재다능함이 꼭 필요합니다. 이미 교육정책이 그것을 반영하기 시작했고, 우리는 충분히 거기에 대처할 힘이 있습니다. 교과 학습에 투자하는 시간만큼 다양한 경험을 시도하려고 애써보세요. 다재다능함은 타고나기만 하는 것이 아닙니다. 의지와 용기를 가지고 있다면, 여러분도 핵인싸가 될 수 있습니다.

세 번째 이야기

새삼스러운 잔소리, 문해력①
– '독서'

문해력, 문해력!

◆

글을 읽고 의미를 파악하고 이해하는 능력을 '문해력'이라고 합니다. 더불어 글을 통해 세상의 이치를 깨닫고 일상생활의 문제를 해결할 수 있게 하는 힘 역시도 문해력이라 할 수 있죠. 문해력은 단순히 시험 문제를 풀고, 대입을 위해서만 필요한 능력이 아닙니다. 살아가기 위하여 인간에게 필수적인 힘입니다.

우리 사회 빠지지 않고 등장하는 단골 이슈 중 하나가 부동산입니다. 개인적으로 저 역시 집과 관련한 계약 문제에서 가장 힘들고 어려웠던 부분은 다름 아닌 '접해보지 못한 낯선 단어들'이었습니다. 사실 난생처음 보는 새로운 분야의 새로운 내용을 이해하는 과정 역시도 문해력과 밀접한 관련이 있다고 할 수 있습니다. 문해력은 학창 시절에만 이용되는 단편적인 능력이 아닙니다. 평생을 살아가며 갈고 닦아야 하는 기술입니다.

문해력이 부족한 고등학생들이 겪는 어려움

✦

고등학생이 되면, 특히 수험생이 되면 전국에 있는 모든 학생이 공통적으로 구입하는 문제집이 있습니다. 바로, EBS 교재! 수능특강과 수능완성 교재의 내용 중 일부가 수능에 반영되므로 대부분의 정규 수업이 EBS 교재를 활용하여 이루어집니다. 실은, 학생들만 힘든 것이 아닙니다. 국어 교사인 저에게《수능특강 독서》교재는 악몽과도 같은 존재입니다.

(…) 거시 경제학에서 말하는 투자란 기업이 생산 능력을 향상시키기 위해 생산 설비 등의 자본재를 구입하는 것을 의미한다. 기업이 투자를 하는 이유는 장래에 일정한 수익이 나올 것으로 기대되기 때문이다. 그래서 예상 수익과 투자 비용을 비교하여, 투자 여부와 투자 규모를 결정한다.

—《2021년 수능특강 독서》'이자율과 총수요' 중에서

저는 '국어' 교사임에도 인문, 예술, 사회, 문화, 심지어 과학 분야의 글들을 읽고 이해해야만 합니다. 수업을 준비하는 데에 상당히 오랜 시간을 할애해야 하죠. 어찌되었든, 저야 국어 '교사'이니 그렇다 해도, 많은 학생이 이러한 읽기를 굉장히 힘들어합니다. '거시 경제학', '투자', '생산 설비', '자본재'…. 앞 인용문을 살펴보면 단 세 문장이지만 낯선 단어들이 속속 눈에 들어옵니다. 짧은 지문이 스무 문장 정도로 이뤄져 있다는 사실을 상기하면, 글 전체를 쉽게 이해하는 것이 정말 어렵단 걸 예상하기 어렵지 않습니다. 심지어 이런 수준의 글을 굉장히 빠른 시간에 읽고, 문제까지 풀어내야 합니다. '어차피 우리말인데'라고 생각했던 국어가 수능에서 변별력을 좌우하는 지대한 영향력을 발휘하는 이유가 바로 여기에 있습니다. 내친 김에 영어 교재 내용도 한 번 확인해 보겠습니다.

(…) A small group of large industrial corporations have systematically acquired more public communications power than any private business has ever before possessed in world history, creating a new communications cartel…

(해석) 소수의 거대한 산업 법인들이 세계 역사상 그 어느 민간 기업이 과거에 소유했던 것보다도 더 많은 공공 통신 권력을 조직적

으로 획득하여, 새로운 카르텔을 만들었다.

—《2021년 수능특강 영어독해연습》 '1강 Exercise' 중에서

영어는 단순히 단어의 의미를 외우고 해석하는 것에서 그치지 않습니다. 영단어의 의미는 알지만 이를 해석한 우리말의 의미를 몰라 헤매는 친구들이 많습니다. 이 경우, 심지어 문장의 구조를 보면 특정 단어를 계속해서 수식하는 경우가 많아 중요 어휘를 찾아내는 것도 매우 버거워하죠. 그냥 '법인들이'라고 해도 문장은 성립하지만, 굳이 앞에 '소수의', '거대한', '산업'과 같은 수식어들이 있어서 문장 구조가 더욱 복잡해진다는 말입니다. 그야말로 엎친 데 덮친 격이라 할 수 있죠. 그리고 이는 문해력이 갖춰져 있지 않다면 절대 해결되지 않습니다.

일단, 무엇이든 읽을 것

그렇다면, 이 문해력을 기르기 위해서는 어떻게 해야 할까요? 부모님이나 학생들 모두 답은 이미 잘 알고 있습니다. 네, 바로 읽기, 즉 독서입니다. 읽어야죠. 읽기는 문해력 성장의 필수적인 행위입니다. 읽는 것 싫어하는데? 요즘 유튜브가 얼마나 재밌는데? 상당수의 학생이 읽기를 매우 싫어합니다. 그런데 여러분은 왜 읽

기가 싫어졌나요? 무엇을 읽다가 읽기에 싫증이 났나요? 바꿔보죠. 이제라도 재밌는 걸 읽으면 됩니다.

제가 살면서 가장 감명 깊게, 흥미롭게 읽었던 책은 《해리포터》 시리즈입니다. 출간 이후 수천만 부가 판매된 명작이죠. 이 시리즈는 '판타지 소설'이라는 장르로 분류됩니다. 판타지는 '환상'이라는 의미이고, 판타지 소설은 존재하지 않는 환상의 세계를 그린 소설 작품들을 일컫습니다. 일부 학부모님들은 부정적으로 여기기도 합니다. 그러나 이 판타지 소설을 온전히 읽을 수 있다는 건 문해력 형성과 관련해서 매우 긍정적인 신호입니다!

판타지 소설은 무엇보다 방대한 분량을 자랑하고, 그에 따라 대체로 엄청나게 많은 인물이 등장하며, 이야기 구조 또한 상당히 복잡한 양상을 보입니다. 읽기 과정에서 복합적인 정보들을 한 번에 이해하기 위해 수준 높은 사고 과정을 거치게 된다는 의미입니다. 주인공 해리의 단짝 헤르미온느와 론은 그리핀도르 기숙사 소속입니다. 같은 기숙사 학생들만 언급해볼까요? 네빌, 론의 여동생 지니, 론의 쌍둥이 형 프레드와 조지 그밖에 딘, 라벤더, 콜린, 올리버, 셰이머스 등…. 이런 기숙사가 총 네 개나 있습니다. 교수님들은 어떻고요? 교장 덤블도어, 교감 맥고나걸을 비롯해 스네이프, 스프라우트, 슬러그혼, 트릴로니, 해그리드, 루핀…. 인물의 관계에 대해서만 이해하려고 해도 매우 복잡한 사고 과정이 필요해 보입니다. 여러분이 판타지 소설을 잘 이해하며 읽고 있다면, 이는 더 수준 높은 문해력을 요구하는 글도 충분히 읽어낼 수 있는 잠재력을 지녔음을 의미합니다.

세상에 나쁜 책은 없다

✦

처음부터 수준 높은 읽기를 시도하게 되면, 전문가들이 말하는 소위 '읽기 정서'라는 것이 망가집니다. 읽기에 대한 거부감이 생길 수 있다는 거죠. 스스로 읽기 능력이 필요하다고 생각한다면, 우선 쉽고 짧은 책부터 읽어보세요. 처음부터 높은 수준의 교양 서적을 읽기보다는 청소년 소설이나 짧은 에세이를 찾아 읽는 편이 좋습니다. 그래서 처음엔 서점보다는 도서관에서 책을 빌려 보는 것이 효과적입니다. 여러 책을 대출하여 읽다가 '이 책은 아직 내가 읽기엔 어렵다' 싶으면 과감히 다음 책으로 넘어가면 되니까요. 도서관 사서 선생님이나 국어 선생님들께 도움을 받는 것도 좋은 방법입니다. 많은 학교 선생님들이 학생의 수준과 적성에 맞게 추천해줄 수 있는 '추천도서 목록'을 가지고 계십니다. 선생님들은 여러분의 문해력을 위해 늘 고민을 거듭합니다. 여러분이 먼저 다가가 요청한다면, 언제든 기꺼이 응답해 줄 선생님이 있습니다. 뭐 하세요! 당장 교무실로!

새삼스러운 잔소리, 문해력②
– 'NIE'

기본 중의 기본, NIE

✦

중학교에서 고등학교로 넘어오면 학습의 수준이 확 높아집니다. 이에 따라 많은 경우 국어 공부의 가장 기본이라 할 수 있는 '읽기'에 큰 어려움을 겪게 됩니다. 저 역시 중학교에서 근무하다 고등학교로 발령받은 후 한동안 고생을 좀 했을 정도니까요. 수업 준비를 하기 위해 교과서를 들여다봤는데, 아예 사용하는 단어부터 그 수준이 남달랐죠. 다소간 적응에 애를 먹어야만 했습니다.

상급학교 진학 시 이러한 어려움에 직면할 거란 사실은 누구나 예상합니다. 알기에 미리 대비하거나 알면서도 대비를 제대로 하지 못했거나의 차이가 존재할 뿐이죠. 그렇다면, 여러분은 어떻게 대비하겠습니까? 블로그나 유튜브에서 멘토링을 주제로 자료를 제작하는 분들이 문해력 향상을 위해 '국어 어휘 학습'에 대해 강조하는 것을 보았습니다. 틀린 방법이라 할 순 없겠지만, 효율적인 방법은 아닙니다. 어휘는 어휘만으로 존재하지 않습니다. 문맥 속에서 어떠한 방식으로 사용되었는지를 알아야 비로소 그 어휘를 고스란히 내 것으로 만들 수 있습니다. 그래서 유용한 방법이 바로 NIE 활동입니다.

국어 공부의 시작이자 끝, NIE

✦

'NIE'는 'Newspaper In Education'의 약자입니다. '신문 활용 교육' 정도로 이해하면 무리가 없을 듯합니다. 이 NIE는 신문 기사를 찾아 읽고, 자신의 생각을 제시하는 활동입니다. 읽기와 쓰기는 물론 견해를 밝힌다는 측면에서 사고력 증진까지 이끌 수 있는 활동이죠.

기본적으로 읽기 능력의 신장을 이끈다는 점이 중요합니다. 신문 기사는 SNS에 쏟아지는 글들과 달리 가장 정확한 어휘로 가장 명확한 문장을 만들어내기에, 문장력 강화 측면에서 큰 도움이 됩니다. 내용으로 시사적인 측면을 다루고 있기에, 시사상식을 키우는 데에도 좋은 도구가 됩니다. 신문 기사를 활용하면 학교에서 다루는 내용과 연계하여 훨씬 더 깊이 있는 지식에 접근할 수도 있습니다. 생명과학 시간에 DNA 기초에 대해 학습했다면, 신문 기사를 통해 DNA 데이터 저장기술, DNA 대조를 통한 범죄자 검거, DNA 증폭 기술 등에 접근할 수 있습니다.

마지막으로 견해를 밝힌다는 것은 결국 읽기와 사고, 쓰기로 이어지는 국어 학습의 삼박자를 고루 갖추게 되는 결과이므로 이 NIE 활동은 국어 공부의 시작이자 끝이 될 수 있는 매우 중요한 활동입니다.

NIE 활용의 기본 아이디어

NIE 활동에 틀이 정해져 있는 것은 아닙니다. 그렇지만, 필수적인 요소들은 있습니다. ①기사, ②기사 요약, ③나의 견해, 이렇게 세 가지는 반드시 들어가야 합니다. 여기에 추가로 곁들일 부분은 직접 고민해보면 좋을 것입니다.

우선, 주제별로 NIE 노트를 구분해볼 수 있습니다. 정치, 경제, 문화 혹은 연예나 스포츠 등을 따로 분류하여 NIE 노트를 만들고 학년이 올라갈수록 좀 더 세부적인 주제에 접근하는 것처럼 말입니다. 그렇게 여러분의 진로 설정에 도움이 될 수 있는 방식으로 만들어나갈 수 있습니다. 처음부터 너무 어려운 지식에 접근하면 거부감이 생기거나 중도 포기할 수 있으니, 여러분의 관심사에 먼저 초점을 맞춰보세요. 저도 한때는 매일 해외 축구 기사를 몇십 개씩 읽으며 스포츠 기자를 꿈꾸기도 했답니다.

낯선 어휘를 소개하는 항목을 따로 만들 수도 있습니다. 아무래도 신문 기사에는 다양한 분야의 전문 지식을 바탕에 둔 어휘들이 쓰이는 경우가 많기에, 그러한 용어들을 따로 정리하면 문맥에 적용하여 좀 더 쉽게 글을 이해하는 데 도움이 됩니다. 또한, NIE 동아리를 운영하는 방법도 있습니다. 각자 다른 분야를 담당하여 관련 NIE 결과물을 만들고, 이를 공유하며 NIE 활동의 폭을 넓히는 것입니다. 분야의 세분화가 어려우면 '인문사회 분야'와 '과학기술 분야'로 나누어 시작해보면 좋을 것입니다.

함께할 때 더욱 강력해지는 경쟁에서 이기는 힘

나와 경쟁할 자, 누구인가

✦

"라이벌이라 생각되는 선수가 있나요?" 많은 기자들이 유명 스포츠 스타들에게 이와 같은 질문을 던집니다. 가장 많이 들었던 답으로 제 뇌리에 남은 건 아마도 이것일 겁니다.

"제 자신이 가장 강력한 라이벌입니다."

자기 자신이 최고의 경쟁자라니. 참으로 멋진 표현입니다. 그런데 여러분도 이 멋진 표현을 줄곧 내뱉으셔야 합니다. 여러분의 라이벌은 여러분 자신이니까요.

이 책에서 곧 다루겠지만, 고등학교 안에서 '상대평가의 시대'는 이제 저물고 있습니다. 고교학점제, 수능 절대평가 등 대입과 관련한 평가들이 상대평가 대신 '절대평가' 또는 '성취평가'라는 이름으로 변화를 꾀하고 있습니다. 이는 이미 상당 부분 진행된 것이기도 합니다. 고등학교 교육개혁이 원활히 진행되기 위해서 대학 서열화 등의 문제를 먼저 해결해야 할 것 같지만, 저의 지극히 개인적인 판단으로 그것은 교육 전문가들이 알아서 할 일이고 우리는 우선 '고등학교 평가방식의 변화'에 주목해야 합니다.

절대평가, 나 자신과의 싸움

◆

등급	퍼센트
1등급	0~4%
2등급	~11%
3등급	~23%
4등급	~40%
5등급	~60%
6등급	~77%
7등급	~89%
8등급	~96%
9등급	~100%

앞의 표는 상대평가의 등급 비율을 나타냅니다. 같은 시험을 치르는 인원이 100명이라면, 1등부터 4등까지만 1등급을 받을 수 있다는 겁니다. 99점을 받아도 100점이 4명이면 2등급입니다. 학교 내신의 경우, 특히 선택과목이 존재한다면 이 과목을 선택하는 학생 수가 적을수록 상위 등급의 인원이 적어지기 때문에 치열한 눈치싸움이 벌어지곤 합니다. 100명일 때도 1등급은 4명인데, 더 줄어들면 그만큼 좋은 등급을 받기 위한 경쟁도 심화되겠죠. 그래서 자신이 좋아하는 과목임에도 과감히 포기하는 친구들을 볼 수 있습니다. 굉장히 안타까운 현상이 아닐 수 없죠. 내신으로 인해 적성과 흥미까지 포기해야 하는 셈이니까요.

등급	점수
1등급	90점 이상
2등급	80점 이상
3등급	70점 이상
4등급	60점 이상
5등급	50점 이상
6등급	40점 이상
7등급	30점 이상
8등급	20점 이상
9등급	20점 미만

앞의 표는 현재 시행되고 있는 수능시험 영어영역 등급 기준표입니다. 나보다 성적이 좋은 친구들이 99명 있어도, 내가 90점이면 무조건 1등급입니다. 100명 모두 1등급이 될 수 있다는 겁니다. 물론 수능의 경우엔 문제 출제 위원들이 예상 등급 인원까지 철저히 연구하여 출제하였으므로 적절히 난이도가 조절되는 편입니다. 모두가 1등급을 받는 경우는 아마도 없을 거라는 말입니다. 수능시험이 전 과목 절대평가로 바뀌더라도 마찬가지입니다. 중요한 건 내 점수에 '경쟁'이란 녀석의 영향력이 많이 줄어든다는 것입니다. 내 점수는 나에게 달렸다는 뜻입니다.

수능이든 내신이든
상대평가는 결국 사라진다

✦

상대평가와 절대평가의 옳고 그름, 유불리 등을 따지는 것은 이제는 큰 의미가 없습니다. 시대적인 흐름이기 때문이죠. 수능의 대변혁이 앞으로 5년 안에 일어날 거라고들 예측합니다. 거기까지 갈 필요도 없이, 현재 상황만 봐도 충분합니다. 수능에서 선택과목이 늘다 보니, 특히 탐구영역과 제2외국어 과목에 따라선 인원이 극히 적은 경우가 있습니다. 학교 내신만 봐도 알 수 있죠. 과목 수가 점점 늘어나고 있는데, 그 선택의 균형을 일괄적으로 맞추기 어려우므로 어떤 과목은 1등급 인원이 단 한 명에 그치는 경우도 분명 있을 겁니다. 그런데다가 전국적으로 학생 수가 줄어들고 있어서 이에 대한 대비가 필요하게 되었습니다. 그 대비가 바로, '절대평가'입니다.

변해가는 교육과정 속에서 상대평가는 결코 살아남지 못할 것입니다. 사실 한 줄 세우기라는 비판은 끊임없이 이어져 왔습니다. 이제 변화를 추구, 아니 실행해야 할 때가 된 것입니다. 그런데 말입니다. 그래서 우린 뭘 어떻게 해야 하는 걸까요?

'경쟁' 대신 '협력'으로 나아가야 할 때

앞으로 이 세상은 문제 풀이 역량만으로 여러분을 평가하지 않을 겁니다. 내신과 수능이 절대평가라면, 그 평가의 객관성이 떨어질 수 있어서 대학 서열화가 사라지지 않는 이상 또 다른 새로운 평가방식이 도입될 가능성이 있습니다. 면접이든 논술이든 간에, 문제집에만 빠져있으면 결코 얻을 수 없는 그 무언가로 여러분을 평가한다는 말입니다.

이러한 이유로, 고교학점제가 논의된 이후 항상 함께 언급되는 키워드 중 하나가 '협력'입니다. 이를 위해서는 수업에서의 주도권을 학생들이 갖게 해야 합니다. 선생님들이 혼자 해낼 수 있는 과제가 아닌, 함께할 수 있는 '협력학습 과제'를 주는 이유가 바로 이 것입니다. 새로운 교육과정에 발맞추기 위해선 모둠 학습 중심으로 학교 수업이 이뤄질 것입니다. 하브루타, 거꾸로 수업, 토의토론, 비주얼싱킹, PBL(프로젝트 기반 학습) 등 어떠한 방식이 도입되든 간에, 선생님들은 "책상 돌려서 앉으세요!"라고 외칠 가능성이 높습니다.

그뿐인가요? 대입 면접에 앞서 말을 주고받는 연습이 필요할 테고, 논술에선 사고의 확장이 필요할 테니 협력학습은 이제 더더욱 당연한 것이 될 거란 말입니다. 이제 협력이란 미래를 대비하는 필수적인 힘입니다.

협력학습 대비①
– 적극성을 갖춰라!

협력학습에서 필요한 기술적인 역량들도 있겠지만, 그보다 먼저 해주고 싶은 말은 무엇보다 '적극성'입니다. 고작 한 시간 수업을 위해 형성된 모둠이라 할지라도, 그 한 시간을 가치있게 내 것으로 만들려면 활발한 소통과 역할 배분이 필요합니다. 실제로 학교 현장에서 모둠 활동을 진행해 보면 '부담이 덜한 역할'을 맡으려고 한다거나, 반대로 '가장 튀는 역할'을 맡으려 하는 친구들이 있습니다. 저 말고 많은 선생님이 비슷하게 겪는 일이리라 여깁니다. 그래서 선생님들은 같은 모둠 내 친구들이 다양한 역할을 골고루 담당할 수 있도록 여러 가지 방법을 고안해냅니다.

6인이 한 모둠을 구성하는 것에서 최근엔 4명이 한 모둠을 이루는 것이 선생님들 사이에선 하나의 트렌드가 되었습니다(물론 전국의 모든 선생님이 똑같은 방법으로 운영하진 않겠지만요). 6인이 모이면 '무임승차'를 하는 친구가 생길 수 있거든요. 모둠장, 발표자, 기록하는 친구 그리고 '리액션 담당' 이렇게 네 명으로 모둠원을 짜곤 합니다. 그리고 활동마다 역할을 다르게 가져갈 수 있도록 유도하죠.

이 얘길 하는 이유는, 여러분은 어떤 역할이든 맡을 준비가 되어 있어야 하기 때문입니다. 개인 활동이면 하기 싫을 때 안 해버리고 점수를 포기하면 그만입니다. 그러나 모둠을 이뤘을 땐 나로 인해 다른 친구들이 피해를 볼 수도 있습니다. 반대로 여러분이 먼저 모둠 내 어떤 역할이든 적극적인 자세로 나서준다면, 그 마음은 모둠 전체로 퍼져나가 모둠원들 모두 활기차게 결과물을 향해 나아갈 수도 있습니다. 협력학습에 적응하고 좋은 성과를 내기 위해 여러분에게 무엇보다 요구되는 건 바로 '적극성'입니다. 싫고말고, 가릴 때가 아니란 말입니다.

협력학습 대비②
– 수다쟁이가 되어라!

✦

"마따호세프." 하브루타 교육으로 잘 알려진 이스라엘의 교사들이 학생에게 가장 많이 던지는 질문으로, "네 생각은 어떠니?" 정도로 이해할 수 있습니다. 여러분의 교실에서도 이 질문이 오가는 모습을 이제는 쉽게 보게 될 것입니다. 자유학기제를 겪었다면 아마 이러한 교육의 변화를 체감할 수도 있을 겁니다. 토론과 같은 모둠학습이 더욱 강조되면서 여러분이 머릿속에 가지고 있는 생각을 입 밖으로 표현해야 하는 순간이 자주 찾아올 것입니다.

그러므로 시도 때도 없이 말하는 연습이 필요합니다. 말할 기회가 오면 무조건 잡아야 합니다. 어떠한 상황이든 말, 말을 해야 합니다. 엉뚱하거나 실수하거나 틀리는 내용을 말하는 것에 대해 두려워하지 마세요. 대부분 협력학습의 목적은 정답을 말하는 것에 있지 않습니다. 정답을 찾아가는 과정에 대해 다룰 것입니다. 심지어 토론과 같은 경우에는 정답이 정해져 있지도 않습니다. 정답이 정해져 있으면 토론을 할 필요가 없잖아요? 그저 자신의 생각만 잘 전달하면 됩니다.

협력학습 대비③
– 집요하게 질문하라!

✦

　말하기의 짝꿍은? 정답! 듣기입니다. 말하기만큼이나 중요한 것이 '잘 듣기'입니다. 어쩌면 가장 중요한 것일지도 모릅니다. 협력학습은 혼자서 행하는 것이 아니기에 주변 친구들과 소통하는 과정이 필수입니다. 그 소통이 원활하게 이뤄지기 위해선 무엇보다 잘 들어야 합니다. 주장이든 방법을 제시하든 간에, 어떤 말을 듣게 되면 있는 그대로 받아들일 것이 아니라 항상 '왜'라는 키워드를 머릿속에 떠올리는 습관을 들여보세요.

　이 '왜'라는 녀석이 가지고 있는 힘은 정말 무시무시합니다. 사실 이는 스스로에게도 자주 던져야 합니다. 아이디어를 창출해내거나 더욱 깊이 있는 지적 성장을 위해서 꼭 필요하기 때문이죠. 질문을 던지다 보면 어디에 집중해야 하는지, 그 지점을 명확히 찾을 수 있게 됩니다. 더불어 타인의 생각에 공감할 수 있으며, 문제를 해결하는 능력을 키울 수도 있습니다. 잘 듣고, 잘 묻다 보면 어느 순간 여러분은 반대로 잘 말하고, 잘 답하는 존재가 되어 있을 겁니다.

새로운 시대, 경쟁에서 살아남는 법

저와 매우 가깝게 지내는 한 동료 선생님은 학급 급훈으로 '같이의 가치'라는 말을 종종 선정하곤 합니다. 함께의 중요성을 강조하는 표현이죠. '같이'의 발음이 [가치]가 되기 때문에 동음이의어를 활용한 언어유희라고도 할 수 있습니다.

같이의 가치는 당장 눈으로 보이지 않을 수도 있습니다. 그러나 분명 시간이 흐르고 사회에 나갔을 때는 매우 크게 체감할 거라고 생각합니다. 심지어 이제 대입제도가 큰 폭으로 변화하면서 우리에게 그 가치를 미리 느낄 수 있게 해주고 있지요. 그런 측면에선 꽤 괜찮은 변화라고 할 수 있겠습니다. 여러분은 그 변화의 소용돌이에서 '같이의 가치'를 있는 힘껏 느껴야만 합니다. 그것이 여러분이 경쟁에서 살아남을 수 있는 강력한 힘을 부여해 줄 것이기 때문입니다.

지치지 말고 시도해야만 하는 것
– 목표 달성을 위한 '실천계획 세우기'①

목표만 있다고 안심하면 안 된다

◆

"목표 없이 배회하다가 어느 날 갑자기 에베레스트 정상에 오른 사람은 없다." 미국의 유명한 작가이자 연설가인 지그 지글러Zig Ziglar가 한 말입니다. 목표 설정의 중요성을 강조한 표현이죠. 정말 와닿는 말이 아닐 수 없습니다. 인간이라면 누구나 목표를 가지고 살아야만 합니다. 굳이 우리가 왜 목표를 세워야 하는지 설명할 필요도 느끼지 않을 만큼, 너무도 당연한 듯 보입니다. 목표가 없다면 우리의 삶은 의미가 사라져 버릴지도 모르니까요.

우리 친구들은 당연한 건, 당연히 잘합니다. 스마트폰 배경 화면

이나 SNS에 목표로 하는 대학 또는 학과 타이틀 사진을 올려둔 친구들을 종종 볼 수 있습니다. 독서실 책상에 붙여놓기도 하죠. 그런데 여러분, 그거 알죠? 그렇게 올려두기만 한다고 그냥 이뤄지는 게 아니란 사실!

목표 달성을 위한 실천계획의 중요성

우리가 함께 에베레스트를 오른다고 가정해봅시다. 너무 과한가요? 그렇다면 한라산으로 합시다. 어떻게 가야 할까요? 목표가 있다면 이를 실천하기 위한 준비, '계획 세우기'를 해야 합니다. 무엇보다 정확한 일정을 정해야 할 겁니다. 이어 항공편, 숙소를 예약하는 것은 물론, 당일 날씨와 산행을 위한 장비 등을 알아보고 또 준비해야 하죠. 참으로 당연한 과정입니다.

그런데 공부를 할 땐, 많은 친구가 이 '계획 세우기'를 하지 않습니다. 어찌 보면 '계획 세우기는 중요해'라는 말은 틀린 표현일지도 모릅니다. 중요함을 넘어, '당연한 것'이기 때문입니다. 계획 없이 목표를 달성할 수는 없습니다. 설령 달성한다고 하더라도, 이는 우연이거나 타인에 의해 강제로 이뤄진 것에 불과할 가능성이 높습니다.

계획 세우기,
목표부터 다시 제대로 설정하자

✦

우린 무한한 목표를 설정할 수 있습니다. 그런데 문제는 대부분 목표라는 것이 추상적이며, 비현실적이란 점입니다. 다음의 대화는 실제 학생들과 나눈 대입 관련 상담 내용입니다.

〈상황 1〉

라쌤 : ○○이는 목표가 뭐니?

학생1 : 저도 선생님 되려고요.

라쌤 : 선생님 되려면 어떻게 해야 하는지 알아?

학생1 : 그냥…. 공부를 열심히 해야죠.

〈상황 2〉

라쌤 : ○○이는 목표가 뭐니?

학생2 : S대요.

라쌤 : 그게 목표야? 거기 가려면 어떻게 해야 하는데?

학생2 : 수능 잘 봐야죠.

라쌤 : 공부를 열심히 하고 있나 보구나. 이번 모의고사는 어땠어?

학생2 : 수능은 잘 볼 거니까 걱정하지 마세요.

〈상황 3〉

라쌤 : ○○이는 목표가 뭐니?

학생3 : 부자 되는 건데요.

라쌤 : 부자 되려면 어떻게 해야 하는데?

학생3 : 저는 CEO 할 거예요.

라쌤 : CEO가 뭔데?

학생3 : 그냥 사업하는 사람 아니에요?

앞의 대화들은 일선 학교 선생님들이라면 크게 공감할 내용이라 생각합니다. 이와 같은 상황은 어쩌다 한 번 있는 것이 아니라, 굉장히 자주 발생하기 때문이죠. 삶의 목표, 아니 당장 대입과 관련한 목표라 하더라도 이는 고등학교 3학년 때가 돼서야 부랴부랴 정하는 것이 아닙니다. 목표가 정해지면 이를 실천하기 위한 장기적인 계획이 뒤따라야 하기 때문입니다.

여기서 말하는 목표는 특정 '직업'이 아닙니다. 진로는 계속해서 바뀔 수도 있고 쉽게 확정 짓기에는 부담이 따르므로, 꼭 특정 직업을 목표로 정해야 하는 것은 아닙니다. 자신이 꿈꾸는 진로가 명확하다면 이를 위해 필요한 자질과 역량이 무엇인지 알아보고, 그것을 키울 수 있는 대학의 학과를 알아볼 필요가 있습니다. 진로가 명확하지 않다면 추후 선택의 폭을 확대시킬 수 있도록 성적 향상이나 다양한 교과의 기초 역량을 키울 필요가 있겠죠.

'내 목표' 설정의 중요성을 인지하자

✦

일이 년쯤 전 일입니다. 저는 A군의 1학년 담임이었습니다. 녀석은 성적도, 성격도 좋고 심지어 운동도 잘하는, 정말 매력이 철철 넘치는 학생이었습니다. 다만 스트레스가 조금 심한 편이긴 했죠. 성적에 대한 부담감이 좋은 성격까지도 점점 망치고 있는 상황이었습니다. 이 친구의 희망 진로는 '의사'였습니다. 글도 잘 쓰고 특히 역사 과목을 좋아해서 당연히 문과 쪽 진로를 택할 줄 알았는데, 어라? 녀석은 이과를 선택한 것입니다. 담임 교사로서 몇몇 인문계열 학과도 소개해 주고 삶의 방향도 함께 설계해 보았지만, 어쩔 수 없었습니다. 학과 선택까지 강요할 순 없는 노릇이었죠.

3학년 여름방학 특강 때 자기소개서 지도를 하면서 저는 다시 A군을 만나게 되었습니다. 그런데 A군의 생활기록부는 정말 가관이었습니다. 1학년 때 희망 진로가 '의사', 2학년 때 희망 진로가 '한의사', 3학년 때 희망 진로는! '생명공학자'였던 것이죠. 성적에 맞춰서 희망 학과를 조금씩 낮췄던 것입니다. 그렇다고 생명과학 교과의 내신 성적이 좋은 것도 아니었습니다. 오히려 학년이 올라갈수록 전체 교과의 성적이 하락하는 양상을 보였습니다. 진짜 의사를 원하는 아이들에게 밀릴 수밖에 없던 것이죠. 자신에게서 발현된 의지였다면 그 3년의 목표치는 변하지 않았을 겁니다. 맞습니다, 부모님께 강요된 꿈과 목표였던 겁니다. 그러다 보니 의대에 진학할 수 있는 성적과는 점점 멀어지고 말았죠. 참으로 안타까웠습니다.

S.M.A.R.T.기법
-구체적인 목표 설정 방법

✦

목표 설정과 관련한 다양한 이론이 존재합니다. 여기서는 몇몇 학자들이 제시했던 'S.M.A.R.T.기법'을 중심으로 이야기를 나누고자 합니다. 참고로 이 기법은 단어의 앞 글자를 따서 만들어진 것이며, 각 단어는 제가 임의로 재편성한 것임을 밝혀둡니다.

· Specific 구체적인 목표

누구나 학교 성적을 올리고자 노력합니다. 그런데 그 목표는 늘 '성적을 올리겠다'로 끝이 납니다. '이번 정기고사에서 국어 성적을 지난 1학기보다 20% 정도 올리겠다'와 같은 구체적인 목표를 설정해야 합니다.

· Measurable 측정 가능한 목표

목표를 설정할 때 구체적인 '숫자'를 활용하는 것이 좋습니다. '국어 성적을 올리겠다'보다는 '국어 성적을 90점 이상으로 올리겠다'가 동기부여에 더욱 확실한 도움이 됩니다.

- **Action-oriented 행동 지향적인 목표**

성적을 올리고 싶다면, 그 마음을 행동으로 실천해야 합니다. '국어 성적을 올리기 위해 교과서 필기 내용을 정리하고, 이어 문제집을 풀겠다'와 같은 단계별 행동들을 설정해봅시다.

- **Realistic 실현 가능한 목표**

물론 목표는 크게 잡는 것이 좋겠지만, 처음부터 무리해선 안 됩니다. '평가문항집을 하루 안에 다 풀어보겠다'라고 설정하기보다는 '오늘은 평가문항집 첫 단원 문제들을 풀고, 어려웠던 문제들을 복습하겠다'라고 실현 가능한 목표를 설정해야 합니다. 그리고 여러분이 스스로의 능력을 판단하여 조금씩 목표를 수정해나가는 것이죠.

- **Time-bound 시간 제한적인 목표**

분명 여유도 필요하지만, 잘못하면 여유가 나태로 변질되어 버릴 수도 있습니다. 그래서 필요한 것이 '기간 설정'입니다. '이번 주 중으로 교과서 필기 내용을 끝까지 정리하고, 다음 주에는 평가문항집 문제들을 모두 풀어보겠다'와 같이 스스로 시간 제한을 설정하는 것도 좋은 목표 설정 방법이 됩니다.

지치지 말고 시도해야만 하는 것
– 목표 달성을 위한 '실천계획 세우기'②

플래너를 활용하자!

✦

'플래너'는 이제 연말연시 가장 '핫'한 아이템 중 하나가 되었습니다. 요즘엔 플래너 선물도 꽤 활성화되어 있더라고요. 그런데 고등학생도 플래너를 사용하는 것이 좋을까요? 그렇다면 도대체 어떤 플래너가 좋은 걸까요? 간단합니다. 첫째, 내 맘에 쏙 드는 플래너일 것. 둘째, 최대한 많은 공간을 확보할 수 있는 플래너일 것.

플래너를 한 번 구매하면 일 년 내내 그 친구와 꼭 붙어살게 됩니다. 정말 하루도 빠짐없이 들여다봐야만 하죠. 그래서 디자인이라는 측면은 매우 중요합니다. 마음에 들지 않으면 사용을 덜 하게 될 수 있거든요. 플래너 판매대에 가면 수십, 수백 가지 종류가 나열되어 있습니다. 인터넷으로 구매할 수도 있고요. 최대한 맘에 드는 디자인을 찾으려고 애써보세요. 도무지 고르지 못하겠다면, 친구와 서로 선물로 교환하는 방법도 좋습니다. 선물은 디자인에 상관없이 소중하니까요. 플래너를 활용하여 월간, 주간, 더불어 하루 계획까지 세워볼 수 있습니다. 저는 여기서 '데일리 스케줄'에 주목합니다.

3월 1주
〈오늘 할 일〉

일	월	화	수	목	금	토

달력처럼 '먼슬리 스케줄'을 기입하는 페이지도 중요하겠지만,

가장 구체적으로 일과를 정리하는 칸인 데일리 스케줄은 공간이 넉넉하게 확보될 필요가 있습니다. 일과를 정리하다 보면 계속해서 수정해야 하는 일이 생길 겁니다. 예상치 못하게 빡빡하게 돌아가는 하루도 있을 테고요. 이 공간이 넉넉해야 여러분이 계획을 치밀하게 세우는 데에도 도움이 될 것입니다. 비슷한 디자인의 플래너를 두고 고민이 된다면, 꼭 플래너 안쪽 데일리 스케줄 면을 확인한 후 직접 스케줄 정리를 한다고 상상해 보면 금방 해결될 거예요.

목표와 계획은 복합적일 것

목표는 바로 코앞만 생각해서는 안 됩니다. 멀리 내다보고 장기적으로 접근해야 합니다. 앞으로의 십 년, 이십 년을 내다봐야만 하는 것이죠. 사실 이건 여러분에게 매우 어려운 접근이 될 수 있으므로, 여기선 '원하는 대학 및 학과에 합격하는 것' 정도로만 정리해 보겠습니다. 플래너는 매년 새롭게 출시되니 일 년 단위로 생각해볼까요?

우선, 학교 홈페이지에 접속합니다. 홈페이지를 잘 뒤져보면 우리 학교의 '연간학사 일정' 혹은 '연간계획표'와 같은 것이 게시되어 있을 겁니다. 이는 전국의 모든 학교 홈페이지에서 다 확인할 수 있는 내용입니다. 그 파일을 통해 학교의 일 년 계획을 확인할 수 있죠. 자세히 들여다보면 행사, 대회, 시험 기간 등 일 년 계획에 큰 영향을 미칠 수 있는 요인들을 정확히 판단할 수 있습니다. 바로 이것이 매달 똑같은 학습량을 계획해선 안 되는 이유이기도 합니다. 학습에 집중하는 달, 수행평가에 집중하는 달, 대회 및 행사에 집중하는 달 등으로 구분해 보세요. 공부만 하면서 살 순 없잖아요!

연간 계획을 세운 후에는 월간 계획, 주간 계획, 마지막으로 하루 계획으로 이어갑니다. 계획은 이렇게 장기 계획과 중기, 단기 계획까지 복합적으로 이뤄져야 합니다. 더불어, 발생할 수 있는 변수를 최소화하여 최대한 계획을 잘 지키고자 노력하는 것은 기본입니다.

시간의 '양'만을
계획에 포함하지 말 것

◆

학교에서 교사로서 친구들과 상담을 하면서 당연히 공부와 성적에 대한 이야기를 나누게 됩니다. 그럴 때마다 저는 묻습니다.

"국어 공부는 어떻게 하니?"

자, 여러분! 이 질문에 과연 친구들은 어떻게 답할까요? 여러분이라면요? 분명 친구들은 '어떻게'가 어떤 의미를 지니고 있는지 알면서도, 희한하게 이런 답을 하곤 합니다.

"국어 공부 '많이' 하는데요."

'어떻게'와 '많이'가 연결될 수 있다니. 그럼에도 저는 연이어 묻습니다.

"그래, 그럼 '얼마나' 많이 하는데?"

자, 여러분! 이 질문에 과연 친구들은 어떻게 답할까요? 여러분이라면요? 전 주로 이런 답을 듣습니다.

"국어, 하루에 세 시간 정도?"

결론부터 말씀드리면, 이 답은 틀린 답입니다. 이번엔 '얼마나'에 연결된 답이니까 맞는 답 아니냐고 생각하겠죠? 아닙니다. 공부는 시간으로만 하는 것이 아니기 때문입니다.

독서실에서 공부를 했을 때를 한 번 떠올려 보세요. 독서실에 도착해서, 책상 위에 가방을 두고, 책을 꺼냅니다. 앗, 그런데 책상이 너무 지저분하군요. 우선 책상을 정리해야겠죠? 원활한 학습을 위해 말이죠! 책상 정리를 하고 나면 곧 절친들이 독서실에 등장하죠. 어제도 봤다고 말하지 마요. 실로 오랜만이기 때문에, 오늘 하루는 어떻게 살았는지 너무 걱정이 되기 때문에 우린 꼭 안부를 물어야 하니까요. 함께 휴게실로 가서 수다를 떱니다. 그러다 보면 어느덧 저녁 시간! 함께 저녁을 맛있게 먹고 들어오면 살짝 피곤합니다. 그런데 다들 놀랍게도 절대 바로 잠들진 않죠. 버팁니다. 잠들지 않기 위해, 스마트폰을 만지작. 그렇게 서서히 잠들게 되고, 시간이 흐른 뒤 잠에서 깨고 나면 더 확실하게 정신을 차리려고 밖으로 나가 바람을 맞아야 합니다. 그렇게 다시 들어와서 책상에 앉고 나면 비로소 공부를 시작하게 되죠.

자, 이런 경우 실제 공부한 시간은 얼마나 될까요? 안타깝지만, 많은 친구가 공부 시간을 처음 독서실에 도착해서 가방을 풀던 때부터 계산합니다! 그렇게 세 시간, 네 시간 그저 앉아있던 것은 절대 공부 시간으로 포함시켜선 안 되는데도 말이죠.

그래서 우린 계획을 세울 때 반드시 본인이 학습하고자 하는 교재나 문제집, 필기 자료 등의 구체적인 학습 '범위'를 제시해야 합니다.

〈잘못된 예시〉
— 국어 6시~7시
— 수학 7시~9시
— 영어 9시~10시 반

〈잘된 예시〉
— 국어 수능특강 3강 인터넷 강의 시청하기
— 수학 순열 중단원 마무리 문제 풀이
— 영어 독해 Lesson 1~2 새로운 단어 30개 암기

작심삼일?
적어도 3일은 해낸다는 거잖아!

✦

제가 하고 싶은 말이 무엇인지 감이 잡힐 겁니다. 온전히 학습한 시간을 정확히 파악함은 물론, 좀 더 나은 학습 습관을 기르기 위해서는 올바른 학습 계획을 설정하고 더불어 이를 실천하기 위한 꾸준한 노력이 필요합니다.

사실 학습 계획을 세우는 일에 정해진 방법은 없습니다. '노하우'가 있을 뿐이죠. 남들이 하는 그대로 따라 할 필요는 없어요. 그래서 여러분에게 필요한 것이 '시행착오'입니다. 그 시행착오를 줄이기 위해 인생 선배들의 비결을 전수받는 것이고요. 본인을 가장 잘 아는 사람은 나 자신이기에, 여러분은 스스로의 스타일에 맞게 계획을 세우는 것이 좋습니다. '난 어차피 작심삼일이라 계획 세우기는 부질없어'라는 부정적인 생각은 버리고, '난 계획을 세우면 적어도 3일만큼은 완벽히 해낼 수 있어!'라는 긍정적인 마인드로 시작해봅시다. 긍정, 또 긍정!

왜 하지를 않니, EBS

www.EBSi.co.kr로 접속!

✦

　먼저, 저는 EBS 홍보대사가 아님을 밝힙니다. 평범한 대한민국 교사일 뿐이죠. 오해 없으시길. 이상하게 '무료'라고 하면 뭔가 질적으로 문제가 있을 것이라는 오해를 하는 사람들이 있습니다. 비싼 값을 치러야만 그 가치를 확인할 수 있을 것이라는 편견 말입니다. EBS는 그렇지 않습니다.

　대형 입시 학원들은 학생들이 등록하고 수강료를 지불하면, 그렇게 발생한 수익으로 학원을 운영합니다. 그러나 EBS는 정부의 지원을 받아 운영되는 기관이기에 따로 수익 창출을 위한 노력을 할 필요가 없습니다. 학원의 인기 상승은 곧 '사교육비 부담'이라는 사회적 이슈가 되었고, 정부에선 이를 해결하고자 적극적으로 EBS를 활용했습니다. 덕분에 우린 질 높은 강의는 물론 입시자료들도 손쉽게 접할 수 있게 되었죠. 그럼에도 EBS 활용에 대한 관심은 아직 많이 미비한 것 같습니다. 일단 한 번 맛보면 그 유익함에서 헤어나올 수 없을 텐데 말이죠.

EBSi 활용 팁1 - 수능 대비

✦

① 예비 고1을 위한 맞춤형 커리큘럼

EBSi에서는 고등학교 교육과정에 입문하는 시기부터 수능시험을 치를 때까지의 커리큘럼이 완벽히 갖춰져 있습니다. 예비 고1이 갑자기 고등학교 수업에 적응하기엔 힘든 측면이 있죠. 앞서 이야기했다시피, 갑자기 난이도가 올라가거든요. 그런데 EBSi에서는 예비 고1들을 위한 강좌도 과목별로 마련했습니다. 심지어 수준별 학습이 가능하도록 그 수업 내용을 구분해놓기도 했죠. 어디서 어떻게 선행을 해야 하나 고민할 필요가 없습니다! EBSi 강의를 들으면서 미리 고등학교 수업을 맛보세요.

② 과목별 선생님이 이렇게나 많다니!

아무리 명강사라도 내가 원하는 선생님의 유형이 아닐 수 있습니다. 차분한 수업을 원하는 학생도 있을 것이고, 밝고 신나는 분위기를 좋아하는 친구도 있겠죠. EBSi에는 과목별, 학년별 선생님들이 굉장히 많이 있어서 매우 쉽게 자신이 선호하는 수업 스타일을 찾아볼 수 있습니다. 선생님들의 소개 영상을 통해 어떤 식으로 수업이 이뤄지는지부터 확인하세요.

③ 기출문제 활용이 가장 편리한 곳

고등학교에 입학하고 나서는 1학년부터 3학년까지 끊임없이 모의고사를 치릅니다. 수능을 향한 단계를 밟아가는 것이죠. 기출문제는 고등학교 학습의 기본 중 기본입니다. 기출을 분석하는 과정을 통해 우리는 출제 경향에 대해 파악할 수 있고, 궁극적 '정복 대상'인 수능이란 적과 맞서 싸울 수 있는 경험치를 쌓게 됩니다. EBSi 홈페이지에는 모든 과목의 모의고사 기출문제를 제공함은 물론 해설 강의도 찾기 쉽게 제시해 놓았습니다.

EBSi 활용 팁 2 - 수시

✦

① 입시 정보 활용

그 어떤 자료보다 EBSi에서 제가 만족하는 부분은 다양한 입시 자료의 제공이라는 측면입니다. 대입과 관련한 다양한 뉴스는 물론 대학별로 대입 정보를 상세히 분류해놓아 정보 선별에도 도움을 줍니다. 특히 수능 준비를 하는 수험생들이 시기별로 어떻게 공부해야 할지를 자세히 소개해놓은 전문가들의 칼럼이 실려있다는 것이 정말 인상적입니다.

② 대학별 고사 준비

국어, 수학, 영어, 탐구 등 EBSi엔 주요 과목들의 영상만 실려있지 않습니다. 면접이나 자소서 준비, 논술 대비, 경찰대 및 사관학교 준비 그리고 심지어 학생부 종합전형을 준비하는 방법까지 다양한 강의들이 실려있어서 마치 보물상자 같은 느낌이 들 정도라니까요.

EBSi 활용 팁 3 – 내신

✦

① 교과서별 진도 특강

메뉴 탭을 잘 살펴보면 '학교시험 대비'라는 항목이 있을 겁니다. 놀랍게도 EBSi에선 출판사별 교과서의 내신 대비를 위한 수업을 탑재해놓았습니다. 아무래도 EBS에서 강의하시는 선생님들 대부분은 학교 선생님으로 계신 분들이기 때문에 학교 내신 시험의 출제 경향에 대해 꽤 잘 알고 계시지 않겠습니까. 분명 어마어마한 도움이 될 거라 확신합니다!

② 내신 3주 학습

시험이 다가오면서 학습에 박차를 가할 때, 핵심만 쏙쏙 짚어주는 강의도 역시 개설되어 있습니다. 시험 준비가 막연하게 느껴지거나 이해가 잘 안 되는 개념들이 있을 때 들으면 매우 유익한 강의가 될 겁니다.

공부는 가르치는 사람보다
배우는 사람의 자세가 훨씬 중요하다

✦

고등학생들의 대화 양상에는 여러 가지 모습이 있습니다. 그중 하나는 '인강 선택'입니다. "너 국어 인강 누구 거 듣냐?" 한 친구가 이런 질문을 던집니다. 그러면 곧 자랑하듯 여러 인강 강사의 이름이 쏟아집니다. 모두 빠짐없이 뛰어난 역량을 지닌 강사분들이시죠. 그런데 그 훌륭한 선생님들의 주옥같은 강의를 들으면서도, 왜 이 녀석들의 국어 성적은 매일 제자리…?

성적은 누구에게 배우는가로 좌지우지되지 않습니다. '학습'이란 '배우고 익힌다'라는 뜻이지요. 좋은 선생님께 배우면서도 성적이 올라가지 않는 것은 배우기만 하고, 제대로 익히질 않아서 생기는 문제입니다. EBSi에서 제공되는 강의들은 배움을 배움에서 그치지 않고, 익히는 과정으로 연결할 수 있도록 다양한 장치가 있습니다. 심지어 무료! 끝까지 EBS만 잡고 있으라는 말이 아닙니다. 본인의 노력에 따라 활용도가 풍부하다는 뜻입니다. 지금도 EBS와 서먹하다면, 우선 맛보기라도 한번 접해보면 어떨까요?

아홉 번째 이야기

미리 챙겨놓으면 알뜰살뜰 써먹게 되는 − '자격증 취득'

한자 능력 검정 시험

✦

우리말의 70퍼센트는 한자로 이뤄져 있습니다. 한때 한자 열풍이 불어 초등학생 대부분이 한자 능력 검정 시험을 치르는 일도 있었죠. 요즘은 살짝 그 열기가 사그라든 듯합니다만, 결론부터 말하면 한자 공부는 꼭 필요한 과정입니다. 고등학생이 되어 한자 공부를 한다는 것은 현실적으로 어렵지만, 초등생이나 중학생이라면 충분히 도전해 볼 만합니다.

국어는 '도구교과'의 역할도 수행합니다. 다시 말해, 문해력이 좋으면 수학이나 영어, 탐구과목에서도 좋은 학습 능력을 이끌어낼 수 있다는 뜻입니다. 그 문해력에 도움이 되는 것이 바로 한자 능력입니다. 우리말 단어들이 가지고 있는 의미는 한자어들의 관계로 인해 만들어진 것이지요. 그렇다 보니 한자를 잘 알고 있는 친구들은 문맥을 좀 더 정확하게 파악할 수 있습니다.

그저 국어 공부에만 도움이 되는 것이 아닙니다. 특히 사회나 과학 과목들에서는 전문 용어가 많이 등장하는데, 이들 모두 한자어로 이뤄져 있어서 처음 접할 땐 막연한 거부감이 들 수밖에 없습니다. 코로나19와 관련하여 'PCR 검사'를 받아본 친구들이 있을 겁니다. 이 PCR 검사를 '중합효소연쇄반응'이라 부른다는 것, 알고 있나요? 전부 한자입니다. 쉬운 말로 '유전자 증폭'이라 부르기도 하는데, 이 역시 한자어입니다. 물론 여기선 쉬운 예를 들었지만, 좀 더 깊이 있게 들어가 보면 한자어가 없는 곳이 없다는 것을 알게 될 것입니다.

공부해야 할 양이 엄청난 것도, 이로 인해 거부감이 드는 것도 사실입니다. 하지만 《명심보감》이나 《사자소학》 등 재미있게 한자 공부를 할 수 있는 자료들이 많습니다(무엇보다 우리에겐 《마법 천자문》이 있지 않습니까!). 막연하게 거부하기보단 조심스레 다가가는 자세로 접근해 보세요.

한국사 능력 검정 시험

✦

한국사 능력 검정 시험은 또 하나의 대표적인 자격증 취득 시험입니다. 국사편찬위원회에서 주관하는 시험으로, 그 권위가 매우 높다고 할 수 있죠. '한국사를 왜 배워야 하는가'라는 질문을 하는 친구는 없을 것 같지만, 여기서는 당위성 차원이 아닌 학습의 측면에서 보자면 '역사 교육이 계속해서 강화되고 있다'라고 답할 것 같습니다. 수능 시험에서 '한국사'가 필수과목으로 선정된 이유가 있겠죠? 한국사를 치르지 않으면 수능 성적표가 아예 나오질 않습니다. 그 정도로 중요하다는 뜻입니다. 역사는 당연히 그 범위가 방대하기에 일찍부터 접할수록 유리합니다.

무엇보다, 역사에는 현재 우리가 발 딛고 있는 세계에서 다뤄지는 모든 학문이 녹아 있습니다. 그 발전 양상을 살펴볼 수 있는 기회가 되는 것이죠. 언어면 언어, 지리면 지리, 과학이면 과학 다양한 분야의 정보들이 자연스레 녹아 있는 것이 역사입니다. 또한, 그 역사 속 인물들의 발자취를 따라가는 일은 과거를 통해 미래를 설계하는 행복한 과정이 될 것입니다.

'안 해도 된다'와
'하면 도움 된다'의 차이는?

✦

조금이라도 도움이 된다고 하면 하는 것이 맞습니다. 우리는 늘 '시간에 대한 핑계'를 앞세우지만, 절대 시간이 없어서 무언가를 못 하는 건 아닙니다. 의지가 없을 뿐이죠. '그거 해서 어디에 써먹으려고'와 같은 의문을 던지는 이들도 있을 겁니다. 그러나 다른 목적 없이 교양을 쌓으려고 공부하고 시험을 치르는 사람들도 있는데, 조금이라도 학습에 도움이 된다고 하면 하는 것이 당연하지 않나요?

여기서 이야기한 한자 공부나 역사 공부 말고도, 정말이지 다양한 자격증 취득 시험이 있습니다. 단순히 특정 분야에 대한 지식을 얻는 것을 넘어, 어마어마한 성취감이 여러분과 함께 할 것입니다. 하면 '조금' 도움이 되는 것이 아니라, '매우' 도움이 될 거라니까요!

스마트폰은
우리의 적이 확실하다

인정하자, 스마트폰 중독

✦

　학생 인권이 강화되면서 '휴대전화 수거'에 대해서도 논란이 많습니다. 제가 근무하는 학교에서는 동의서를 받아야만 수거가 가능한 시스템이 도입되었죠. 학생 대부분이 동의하지만, 정작 스마트폰을 수거할 때 보면 자신이 평소 사용하는 스마트폰 대신 공기계를 제출하는 경우가 있습니다. 심지어 '학습 용도로 필요하면 말하고 가져다 써도 된다'라고 하는데도, 굳이 담임의 눈을 속이는 친구들이 있죠. 왜 그럴까요?

　중독되었기 때문입니다. 스마트폰이 손에서 떨어지면 불안한 겁니다. 그 불안함이 여러분에게 진짜 불안함으로 느껴지지 않을 수도 있습니다. 불안한 것이 아니라, 불편함 정도쯤으로 생각하곤 합니다. 따라서 자신은 스마트폰 중독이 아니라고 생각하죠. 그렇지만 그러한 불편함을 느끼는 것조차 중독이라 할 수 있습니다. 수업 시간에 또는 자기주도 학습을 하는 시간에 스마트폰이 굳이 필요한 이유가 있을까요? 심지어 방과 후에도 스마트폰과 거의 한 몸처럼 꼭 붙어사는 친구들을 정말 많이 볼 수 있습니다. 자기 직전까지도 말이죠. 심지어 씻을 때도 욕실에 가지고 들어간다고 하더라고요!

스마트폰이 쉽게 말해, '재미있다'라는 것은 저도 이해합니다. SNS는 물론 유튜브, 게임, 음악감상 등 할 수 있는 것이 너무도 많죠. 그런데 바로 그 재미, 스마트폰을 사용하는 모든 측면이 '재미'에만 머물러 있다는 것이 문제입니다. 바꿔 말하면, 스마트폰이 없으면 삶이 재미없는 것처럼 되어버렸단 의미입니다.

스마트폰이 없을 때의 불안함과 불편함은 분명 여러분의 학습에 있어 방해 요소로 작용합니다. 아무에게도 말하지 말고, 혼자 가슴에 손을 얹고 생각해 보세요. 스마트폰에 중독되었음을, 인정하겠습니까?

혼자 힘으로 통제되지 않을 땐

✦

스마트폰 중독임에도 불구하고 인정하지 않는 것이 더 문제입니다. 스마트폰은 우리가 활용해야 하는 도구이지, 우릴 지배하는 존재가 결코 아닙니다. 그렇게 계속 스마트폰에 끌려다닐 건가요? 분명, 어느 정도의 통제가 필요합니다.

혼자 힘으로 이러한 통제가 되지 않을 때 주변 사람들을 꼭 이용하기를 바랍니다. 고3이 되면 꼭 2G폰으로 교체하는 친구들이 있는데, 온갖 불편함을 감수하고 그런 선택을 하는 친구들이 꽝장히 용기 있다고 생각합니다. 물론 담임으로서 '단톡방' 운영에 어려움을 겪을 때도 있지만, 공지사항 같은 것은 담임이 직접 전화해서 알려주면 됩니다. 여러분을 위해서라면 그까짓 거 배려할 수 있습니다! 2G폰으로의 교체까지는 도저히 하지 못하겠다는 친구들은 등교와 동시에 담임 선생님을 이용하면 됩니다. 가서 맡기는 거죠. "선생님 부디 이 어리석은 중생을 구원하기 위해 이 스마트폰을 지하 깊숙이 숨겨주시옵소서. 물론 방과 후엔 꺼내주시고요"라고 부탁드려보세요. 기특하다고 사탕을 사주실 수도 있습니다.

다양한 상담 프로그램 역시 도움이 될 수 있습니다. 교육청에서 운영하는 Wee센터를 알고 있을 겁니다. 심리상담은 여러분이 생각하는 것보다 훨씬 큰 도움이 됩니다. 거기 계신 상담 선생님들은 말 그대로 '전문가'입니다. 공부는 하고 싶은데, 스마트폰이 자꾸 신경 쓰인다고 말하는 학생들을 얼마나 많이 봐왔겠습니까. 당당히 도움을 요청합시다!

결국 내가 마음을 먹어야
가능한 일

　부모님에 의해 강제로 스마트폰 중독 예방 캠프에 참여했다가 뛰쳐나온 학생의 이야기를 기사로 접한 적이 있습니다. 아무리 좋은 프로그램이라고 하더라도, 스스로 자신의 스마트폰 중독을 인지하고 이를 해결하기 위한 노력을 해야만 한다는 교훈을 줍니다. 누군가에 의해 강제로 이뤄진 것들은 늘 그렇듯 결과가 좋지 않을 가능성이 큽니다. 스스로 마음먹지 않고서는 아무 변화도 일어나지 않습니다.

　주변 사람들의 도움을 받는 방법이나 상담 프로그램에 참여하는 방법 모두 좋은 수단입니다. 그러나 무엇보다 자신의 의지로 직접 결정하는 것보다 효율적이고 정확한 것은 없습니다. 여러분, 여러분은 고작 스마트폰 따위도 이기지 못하는 그런 나약한 존재입니까? 놀랍게도, 그런 청소년은 대한민국에 없습니다. 왜냐고요? 충분히 다들 이겨낼 수 있으니까요! 적어도 저는 그렇게 믿고 있습니다.

과감한 결단으로 스스로 스마트폰 사용 시간에 제한을 주거나, 스마트폰 사용 대신 운동, 스터디 등의 새로운 자극을 자신에게 부여해 보는 건 어떨까요. 이 선택이 여러분의 미래를 바꾸게 될 것입니다.

PART 2

고등학교 공부의
실전

무엇이 되었든 간에, 고등학생으로서 어떻게 공부하는 것이

좋을지 깊이 고민해 보기를 바랍니다.

무작정 공부를 시작할 것이 아니라, 그 전에

공부법 및 생활방식과 같은 기본적인 것에서부터

변화를 추구해야 합니다.

고등학교 공부는 중학교 공부와
본질적으로 다르다

어쩌면 이건
다른 차원에 존재하는 것일지도 몰라

◆

　중학교와 고등학교에서 모두 근무해본 제 경험으로 비추어 볼 때, 가장 다른 부분은 '교재 연구'입니다. 요즘 고등학교도 활동 중심의 수업이 점차 늘어나고 있긴 하지만, 내신 때문에라도 지식 전달 위주의 수업 비중을 마냥 줄일 수는 없습니다. 거기에 방과 후 수업, 방학 보충수업에선 오로지 강의식 수업만을 하기에, 정확하고 깊이 있는 수업 내용 연구가 필수적입니다.

　이것이 여러분에게 끼치는 영향은 뭘까요? 고등학교 수업에서 학생들이 받아들이는 부담감은 중학교의 그것과는 분명 다릅니다. 내신과 수능을 위한 학습은 당연하거니와 생활기록부와 관련한 각종 행사 참여까지 더하면 그 물리적인 부담이 훨씬 더 크다고 할 수 있죠. 수업 내용의 수준도 여러분이 생각하시는 것 이상으로 갑자기 높아짐을 느낄 겁니다. 이렇게 표현하는 선생님도 계시더라고요. 중학교 공부가 1차원적이라면, 고등학교 공부는 2, 3차원적인 사고로 이뤄지고 있다고 말이죠. 실제로 중학교와 고등학교의 내신 시험 문제를 비교한 자료들을 보면 그 차이가 명확히 드러납니다.

25. 다음의 밑줄 친 what과 쓰임이 다른 것은?

> This is <u>what</u> you came for…

앞의 문제는 여러분이 자주 봤을 중학 영어 내신 문제입니다. 고등학교 문제들은 어떨까요? 포털 검색창에 '고등학교 영어 내신(혹은 모의고사) 문법 문제'라고 검색해 보세요. 사실 모의고사는 대체로 다 엇비슷합니다. '다음 글의 밑줄 친 부분 중 어법상 틀린 것을 고르시오.'가 대부분일 겁니다. 영문법의 특정 항목만이 제시되지 않는다는 말이죠. 문법 영역 전체를 꿰뚫고 있어야 합니다. 범위가 정해져 있는 내신 문제가 오히려 더 부담될 때도 있는데, 바로 '서술형'의 영향입니다. 다음의 문제를 살펴봐 주세요.

[서술형 1] 다음 글을 바탕으로 〈조건〉에 맞게 요약문을 완성하시오.

> … that children are often motivated and learn more… in a playful
> and fun manner.

To make your children successful readers, _____

〈조건〉
1. 가주어를 활용하여…
2. Teach를 그대로 사용하여…
3. 15단어 이내의 단어만을 사용하여…

문제를 보면서 감을 잡았겠지만. 얕은 지식으로 또는 짧은 학습 시간으로 고등학교 공부에 덤비지 않아야 합니다. 느낌이 팍 오지 않는다면 앞서 언급한 것처럼 고등학교 내신 문제들이나 모의고사 문제들을 검색하여 미리 경험해보기를 권합니다. 약간의 두려움을 갖는 것도 나쁘지 않습니다. 그래야 싸워야 할 이유가 생기니까요.

고등학교 공부는
암기로 해결되지 않는다

✦

암기 자체가 나쁠 리가 있겠습니까. 조금 과장 섞어 말하자면,

학습의 시작이자 끝이라 할 수 있을 정도로 암기는 중요합니다. 그런데 고등학교 교육과정을 접하면서는, 단순하고 막연하게 암기하는 것은 절대 효율적이지 못할 겁니다. 암기로 우등생 타이틀을 거머쥐었던 중학생 시절과는 달리 고등학교에선 단순 암기로만 풀 수 있는 문제가 출제되지 않으니까요.

고등학교에선 다달이 교육청 혹은 평가원 모의고사를 치르기 때문에 모의고사의 유형이 내신에 반영될 수밖에 없습니다. 내신 문제도 '수능형' 문제로 출제된다는 말이죠. 그래서 좀 더 고차원적인 사고를 요구하는 문제가 만들어지는 것입니다.

2022학년도 9월 평가원 모의평가의 한국사 시험 문제를 예로 들겠습니다. 다른 문제도 아니고 그냥 1번 문제! 무덤 사진이 제시됩니다. 그리고 이 무덤을 소개하는 가이드의 말이 이어집니다.

> "지금 보시는 것은 ○○○ 시대의 무덤입니다. 사유 재산과 계급이 발생했고 지배자가 출현했던 이 시대의 문화유산으로는 (가)도 있습니다."
>
> 〈2022학년도 9월 평가원 모의고사 한국사 문제 중에서〉

1번 문제는 '(가)에 해당하는 유물 찾기'입니다. 정답을 찾으려면, 이 무덤이 어느 시기의 무덤인지를 그리고 해당 시기에 만들어진 유물들의 사례를 알아야 합니다. 사례를 무작정 외우는 것이 아니라 시기별로 농사 또는 사냥 도구가 어떻게 발달했는지를 알고 접근해야 합니다. 더불어 집단의 주거 방식 변화와 같은 특징도 파악해야 하고요. 사실 1번 문제의 오답률은 현저히 낮은 편입니다. 매우 쉬운 문제라는 의미죠. 고등학교의 문제들은 이렇게 사고가 확장되어야 해결할 수 있다는 것을 이야기하고 싶었습니다.

공부를 하기 전에 공부법을 공부할 것

✦

중학교 졸업, 고등학교 입학이라는 시기에 놓여 있다면 여러분에게 '변화'는 필수입니다. 본질적으로 엄연히 다른 공부를 해야 하기 때문이죠. 중학생 때 우등생으로 인정받았더라도, 미래엔 그저 평범한 학생으로 자리 이동을 해야 할지도 모릅니다. 변화를 추구하지 않고 그저 하던 대로 하면 철저한 준비를 한 친구들보다 뒤처지게 되겠죠.

학습 시간을 늘리는 것은 물론 기존 학습 방식도 바뀌어야 합니다. 기존에 다니던 학원을 바꿔야 할 수도, 난생처음 인터넷 강의라는 것을 찾아봐야 할 수도 있습니다. 무엇이 되었든 간에, 고등학생으로서 어떻게 공부하는 것이 좋을지 깊이 고민해 보기를 바랍니다. 무작정 공부를 시작할 것이 아니라, 그 전에 공부법 및 생활방식과 같은 기본적인 것에서부터 변화를 추구해야 합니다.

슬퍼할 시간에 분석하라

울 시간도 없다

✦

학교마다 차이가 있겠지만, 전국 대부분 고등학교의 3학년들은 매달 시험을 치릅니다. 지역 교육청에서 실시하는 모의고사는 물론 6월, 9월에는 수능을 출제하는 기관인 '교육과정평가원'에서 제공하는 모의고사도 치르게 되죠. 수능 전까지 대여섯 번 모의고사를 치르고, 중간중간 학교 정기고사도 있으니, 그야말로 일 년 내내 시험의 늪에서 빠져나올 수가 없습니다. 그런데 말입니다. 참 놀라운 사실이 하나 있습니다. 어떤 시험의 어떤 과목이든 간에, 그 시간이 끝나고 나면 이상하게도 늘 같은 말이 어디선가 들려온다는 것.

"나 시험 망쳤어!"

여러분, 슬퍼할 겨를이 없습니다. 이제 절대 울지 마세요. 울 필요도 없고, 그럴 여유도 없습니다. 그 시간에 시험을, 아니 더 정확히는 시험을 준비하던 나의 과거를, 치밀하고 철저하게 분석해야 합니다. 열심히 했는데도 성적이 오르지 않았다고 한탄만 할 게 아니라, 열심히 했는데도 성적이 왜 오르지 않았을지를 고민해보란 말입니다. 이제는 슬퍼할 시간에 분석을 해봐야 합니다.

내신 대비 TIP
– 출제자 성향 파악

✦

학교 정기고사가 끝난 후 첫 수업 시간에는 서술형 평가의 채점 결과를 확인해야 합니다. 1번부터 끝번까지 한 명씩 차례로 나와 자신의 서술형 답안 채점 결과를 확인하고, 경우에 따라서는 '부분 점수'를 구걸하게 되는 그런 상황 말입니다. 쉽게 떠올릴 수 있을 겁니다. 제 경우, 요즘에는 서술형을 잘 출제하진 않습니다. 서술형만큼 변별력을 갖춘 객관식 문항을 만들 자신이 없던 시절에는 무조건 네다섯 문제를 꼭 서술형으로 내곤 했습니다. 굳이 어렵고 복잡하게 만들 필요도 없었죠. 알아서 많이들 틀리더라고요.

한 번은 정말이지 화가 치솟았던 때가 있었습니다. 많은 친구가 답을 제대로 쓰지 못했기 때문이었죠. 틀릴 수도 있는 것 아니냐고요? 아닙니다. 틀릴 수 없었습니다! 왜냐? 수업 시간에 숱하게 강조했던 내용이었거든요. 예를 들면 이런 겁니다.

〈어느 날 ○○고등학교 문학 수업 시간〉

라쌤: 고전시가가 어려운 이유가 뭐죠?

친구들: (…)

라쌤: (당황하지 않은 척) 맞아요! 읽어도 무슨 말인지 알기 힘들어서 겠죠!

친구들: 아하, 맞아요. 한국말 아닌 것 같아요.

라쌤: 그래서 고전시가는 현대어 풀이를 확실하게 보고 넘어가야 한다는 것, 절대 잊으면 안 됩니다. 선생님이 한 구절 한 구절 다 풀이해 줄게요!

대충 뭐 이런 식으로 수업이 진행되었고, 저는 서술형 문항에 고전시가의 현대어 풀이와 관련한 문제를 출제했습니다. 그런데 학생 대부분이 답을 제대로 적지 못했던 것이죠. 제 입장에서는 화가날 만하지 않을까요? 그래서 전 서술형 답안을 확인하면서 친구들에게 이런 말을 던졌습니다.

"애들아. 이 시험 문제를 가장 잘 풀 수 있는 사람이 누구일 것

같아? 〈만분가〉를 쓴 사람인 '조위'가 가장 잘 풀까? 아니야. 나야, 나! 선생님이 만든 문제니까 선생님이 가장 잘 풀 수 있는 사람이라고!"

그냥 '수업을 열심히 잘 들어줬으면 좋겠다'라는 한 마디를 굳이 저렇게 돌리고 돌려서 말하고 말았습니다. 그런데 여러분, 이건 정말입니다. 여러분 학교의 시험 문제를 가장 잘 풀 수 있는 사람은 다름 아닌 그 문제를 만든 '선생님'입니다. 그래서 우린 수업에 집중해야만 합니다.

학교 수업이야말로 '출제자 직강'인 셈입니다! 수업 시간에 선생님이 강조하는 내용을 확인하고, 선생님의 스타일을 분석하세요. 솔직히 이러한 분석을 잘할 수 있고, 수업만 충실히 들으면 내신 학원은 갈 필요도 없을 겁니다. 더 확실하게 하고 싶다면 학교 선배 같은 경험자에게 '출제자의 성향'을 묻는 것도 방법일 수 있습니다.

모고 대비 TIP①
– 맞힌 문제도 다시 보자

✦

시험을 치르고 나면 오답 노트를 쓰는 친구들이 많습니다. 틀린 문제를 다시 틀리지 않겠다는 의지에서 비롯된 것일 테죠. 실제로 학습 능력이 뛰어난 학생일수록 오답 노트를 쓰는 경향이 강합니다. 만점을 향한 의지랄까요. 그런데 여러분! 학습 능력이 그보다 훨씬, 더더욱 뛰어난 친구들은 놀랍게도, 맞힌 문제까지 오답 노트에 정리를 한다는 사실, 알고 있나요?

모든 문제를 정리하는 것은 아닙니다. 언제 풀어도 쉽게 답을 찾아낼 수 있는 유형의 문제라면 굳이 정리하지 않아도 됩니다. 다만, 답은 찾았더라도 그 과정이 명확하지 않았다면 '내 것'이 되었다고 할 수 없기에 다시금 확인 작업을 거치는 거죠. 그래서 오답 노트에 틀린 문제만 정리하지 않는 겁니다. 때때로 우린 자신에게 냉정해져야 할 필요가 있습니다. 맞힌 문제라도 내 실력으로 맞힌 문제가 아닐지도 모릅니다. 그렇다면 만점을 위한 노력이 필요하지 않겠습니까.

모고 대비 TIP②
- 내 약점을 파악하라

✦

모의고사가 끝나고 2주 정도 지나면 모의고사 성적표가 배부됩니다. 평가원에서 시행하는 시험에선 확인할 수 없지만, 교육청 모의고사에선 특별히 다음과 같은 내용을 확인할 수 있습니다.

영역/ 문항		1	2	3	4	5	…	43	44	45
국어	답안	4	2	1	4	5	…	3	4	2
	정답	4	2	1	5	3	…	2	4	2
	채점결과	O	O	O	X	X	…	X	O	O

특정 문항에서 어떤 선지를 선택했는지 한눈에 볼 수 있는 표입니다. 물론 시험지에 직접 채점하면 이러한 흐름은 시험 당일에 바로 확인할 수 있긴 합니다. 그리고 사실 그게 더욱 효과적일 겁니다. 하루만 지나도 시험에 대한 기억은 희미해져 버리니까요. 여기서 이야기하고자 하는 핵심은 이렇습니다. '시험이 끝나면 그 시험을 분석하여 자신의 약점을 발견하라'!

국어 영역을 먼저 이야기해보면 그 안엔 비문학, 문학, 선택과목 등 여러 분야가 혼재되어 있습니다. 문학도 고전시가, 고전 산문, 현대시가, 현대 산문 등으로 나뉠 수 있죠. 여러분은 직접 채점을 하고 성적표를 확인하면서 자신이 취약한 분야에 대해 파악해볼 수 있습니다. 분야에만 국한된 것이 아닙니다. 영어영역의 경우, 듣기 평가·글의 목적 추론·글의 주제 추론·도표·어법·어휘·빈칸 추론·문장 삽입 등 다양한 유형으로 문제가 출제됩니다. 자신이 취약한 유형에 대해 파악해 볼 수 있다는 말입니다.

국어, 영어뿐 아니라 수학이나 탐구과목에서도 자신의 약점이 무엇인지 충분히 파악해 볼 수 있는데, 영역에 상관없이 꼭 점검해야 할 부분이 또 있습니다. 다름 아닌 '시간'입니다. 수능시험과 모의고사는 과목별로 시험 시간이 정해져 있습니다. 특히 국어의 경우, 시간이 충분하면 수능 문제도 누구나 풀 수 있을 거라 생각될 정도로 시간의 제약이 성적을 좌우하는 매우 큰 요인이 되기도 합니다. 여러분은 자신이 치른 모의고사를 분석할 때 혹시 시간에 쫓기진 않았는지 꼭 점검해 보아야만 합니다.

일체유심조의 의미를 새기자

✦

시험이 끝난 후 점검하고 분석하는 과정 전에, 무엇보다 마음을 단단히 먹는 것이 선행되어야 합니다. '열심히 했는데도 성적이 오르지 않았다'라고 생각하면 상심하고 위축되어 더는 열심히 할 수가 없습니다. 그보다는, '아직도 내가 많이 부족하구나'라는 생각으로 더 나은 내일을 위해 힘을 쏟는 것이 생산적일 겁니다.

열심히, 잘 준비했는데도 시험을 망쳤다고요? 물론 그럴 수도 있습니다. 시험 당일 컨디션이 안 좋았을 수도 있고, 갑자기 집에 무슨 일이 생겼을 수도 있고요. 냉정하게 말하면, 그것도 실력입니다. 저는 우리 친구들의 말을 들어주고 싶지만, 현실 세계에선 그저 실력으로 치부해버릴 뿐입니다. 냉정해도 너무 냉정한 것 아니냐고 따지고 싶겠지만, 그 어떤 시험도 개인의 사정을 봐주지 않습니다. 그래서 우린 최대한 완벽에 가까워지도록, 더불어 변수가 생기지 않도록 늘 신경을 곤두세우고 준비해야만 합니다.

2008년 베이징 올림픽 유도 81KG급에서 은메달을 딴 김재범 선수는 4년 뒤 다시 런던 올림픽에 출전합니다. 몸의 절반이 멍들 정도로 극심한 부상을 겪으면서도 그는 금메달을 따내고야 맙니다. 그리고 인터뷰에서 말하죠.

"베이징 때 죽기 살기로 했다면, 이번엔 죽기로 덤볐습니다."

그는 2008년, 목표로 한 금메달을 따지 못한 것에 슬퍼만 하고 있지 않았습니다. 자신에게 필요한 부분을 보완하고자 다시 4년을 노력했고, 마침내 그 결실을 이뤄낼 수 있었던 것이죠. 여러분은 어떤가요? '시험 망쳤어!'라고 외치며 슬퍼만 하고 있을 건가요?

학원, 가야 할까?
– 스스로 학습 스타일 점검부터!

꼭 가야 할까?

✦

학원은 수업을 듣는 곳입니다. 학교와 크게 다르지 않죠. 그렇기에 여러분은 생각해 봐야 합니다. 학원을 통해 무엇을 얻고자 하며, 학원을 통해 잃게 되는 것은 없을지 말이죠. 학원을 찾기 전에 명확한 분석이 선행되어야 한단 뜻입니다.

저도 학창 시절에 학원을 다녔습니다. 그렇지만 지금은 그때와 시스템적으로 많은 발전과 변화를 겪었을 것이기에 감히 잘 알지도 못하면서 학원을 판단하는 것은 위험할 수도 있겠더라고요. 그래서 열심히 유튜브를 통해 학원 선생님들의 수업을 들어보는 것은 물론, 실제 학원을 이끌어나가는 원장님과도 만나 학원 운영에 대한 다양한 의견도 들어보았습니다. 더불어 학원에 다니고 있는 여러 친구와도 대화를 나누었죠. 가장 인상 깊었던 부분은 단순한 강의식 수업임에도 학원 수업은 매우 유쾌하고 즐겁다는 점이었습니다. 수업을 진행하는 선생님들의 목소리는 다들 활기찼고 열정이 가득했습니다. 종종 던지는 농담도 재미있었죠. 그래서인지 학생들은 수업 시간을 지루해하지 않았습니다. 상황을 조금쯤 알고 나니 더욱 궁금해졌습니다.

학교 수업은 정말 재미가 없는 걸까? 학교에서도 수업을 듣고 비슷한 내용의 수업을 학원에서 한 번 더 듣는데, 왜 성적은 쉽게 오르지 않는 걸까? 성적이 오르지 않는데 학원은 왜 계속 다니고 있는 걸까?

학교에서 학습 상담을 할 때 '이 녀석은 학원에 꼭 가야겠다'라는 생각이 드는 친구도 분명 있습니다. 학교는 대규모 수업으로 이뤄지다 보니 분위기에 쉽게 휩쓸리는 친구들은 학원 수업이 더 잘 맞을 수 있거든요. 더불어 학교는 학생 인권 문제로 불가능하지만, 학원에선 수준별 학습이 가능하므로, 더욱 효율적인 학습이 이뤄질 수도 있죠. 이런 장점에 반해 물론 단점도 존재합니다. 시간의 효율성과 자기주도학습 시간 확보의 어려움 그리고 비용 문제 같은 것들이죠.

학원을 선택하기 전에 스스로 깊게 고민해 봐야 합니다. 정말 학원을 갈 것인지, 독서실에 갈 것인지, 인터넷 강의를 들을 것인지 아니면 친구들과 스터디 모임을 가질 것인지 본인이 신중하게 결정하고 판단을 내릴 필요가 있습니다.

나에게 맞는 사교육 유형을 찾을 것

✦

학원이라고 해서 모두 똑같이 집단 강의만 이뤄지는 건 아닙니다. 여러분도 잘 알고 있을 거라고 생각합니다만, 학원에도 다양한 유형이 존재합니다. 수준별 수업을 진행하는 학원도 있고, 자기주도 학습을 관리해 주는 관리형 학원도 있죠. 학원의 유형이나 규모가 각양각색 다르기 때문에 단순히 '누가 다닌다더라'와 같은 접근은 좋지 않습니다. 공부는 가르치는 사람보다 배우는 사람이 더 큰 영향력을 가지고 있거든요.

학원 선생님이 잘 알려진 유명 강사인지 아닌지의 여부가 여러분의 판단 기준이라면, 차라리 집에서 인터넷 강의를 듣는 편이 나을 겁니다. 1대 1 맞춤형 수업을 원한다면 과외를 선택하는 방법도 있죠. 각각 유형의 장단점을 한번 짚어볼까요?

	학원	인터넷 강의	과외
관리	체계적인 관리	자율적	과외 지도교사의 역량에 따라 다름
학습 진도	정해진 일정에 따라 수동적으로 학습	능동적인 학습 일정 조정 가능	과외 지도교사와 조율 가능
그 밖의 장점	집단과의 경쟁을 통한 동기부여 가능	뛰어난 강의의 질, 반복 학습 용이	1:1 개별 관리 용이
그 밖의 단점	개별 관리의 어려움	스스로 자신을 관리해야 함	과외 지도교사의 역량에 크게 좌우됨

더 깊게 파고들면 더 많은 장단점을 찾을 수 있을 것입니다. 그리고 그러한 특징들은 개개인에게 적용했을 때 장점이 단점이 되기도 하고, 단점이 장점이 되기도 합니다. 예를 들면 이런 겁니다. 앞의 표에서 학원의 장점이 '집단과의 경쟁'이라 제시되었습니다. 그게 어떤 친구에겐 불편한 점이 될 수 있다는 말입니다. 자기주도학습 능력이 뛰어난 친구에겐 오히려 독이 될 수 있겠죠. 반대로 자기주도학습 능력이 다소 부족한 친구에겐 학원이나 과외 같은 사교육이 큰 도움이 될 수도 있고요.

학습 스타일부터 점검할 것

학습 스타일을 연구한 학자들도 매우 많습니다. 우리가 잘 알고 있는 MBTI의 경우, 학습자의 성향을 구분하는 데 활용되고 있죠. 포털 사이트에 '학습 스타일 점검'이나 '학습 스타일 테스트'라고 검색하면 온라인으로도 쉽게 공부 방법을 점검해 볼 수 있습니다. 더 정확하고 치밀한 방법은 전문 기관의 도움을 받는 것입니다. 대표적으로 '한국 가이던스', '한국학습클리닉센터'와 같은 기관이 있습니다.

전문 기관의 도움을 받기가 어렵다면 학교 담임 선생님이나 진로 담당 선생님께 부탁드려 한국교육과정평가원에서 운영하는 학습유형검사의 도움을 받을 수도 있을 겁니다. 한국교육과정평가원에서는 학습유형검사는 물론 초등, 중등, 고등학생에게 학습 시기별로 필요한 검사를 실시할 수 있도록 다양한 검사를 제공하고 있습니다. 심지어 EBSi 홈페이지에선 무료로 학습유형 검사를 실시하고 있습니다.

미래를 위한 올바른 선택에
집중할 것

✦

어느 유명 학원 강사의 온라인 수업 영상을 보다가 개인적으로 매우 충격적인 발언을 듣게 되었습니다. "사실 학교 수업은 질이 떨어진다, 학원이 당연히 질적으로 우수하다"라는 내용이었습니다. 학교 교사로서 그 장면을 보는 것이 당연히 편하지만은 않았습니다. 학원에서 학생들의 학교 수업에 대한 막연한 거부감을 키워주고 있는 것은 아닐까 하는 우려도 생겼죠. 그렇지만 동시에 반성도 하게 되었습니다. 학원이 필요 없는 학교 수업이라면, 그 시간과 비용을 다른 곳에 투자할 수 있었을 텐데…. 전국의 선생님들은 분명 노력하고 있습니다. 끊임없이 변화하는 교육과정을 이해하고자 노력하고, 학생들의 성적·진로·학교 적응을 위해서도 힘쓰고 있습니다. 그저 진심으로 친구들이 좀 더 나은 내일을 살아갈 수 있길 바라는 마음에서 밤낮으로 노력하고 있다고 생각합니다. 사교육이든 공교육이든 간에, 여러분이 어디에선가 만나게 될 '선생님'이란 존재가 반드시 여러분의 미래를 밝히는 데 도움이 되는 대상이기를 바랍니다.

국어 공부,
어떻게 할 것인가?

나만의 '공부 방법론'을 구축하라,
단 하루라도 빠르게!(수능 기출)

◆

국어 공부에 있어 내신이든 수능이든 따로 정해진 방법이란 없습니다. 어느 과목이나 마찬가지이겠지만 틀이 정해져 있다면, 누구나 그런 방법을 사용하여 누구나 전교 1등을 하고 누구나 목표 대학에 합격할 수 있겠죠.

국어 공부의 장점 아닌 장점은 고등학교 1학년, 아니 중학생도 충분히 수능이나 고3 모의고사 문제들을 풀어볼 수 있다는 것입니다. 물론 처음부터 점수가 잘 나오지 않을 수도 있습니다. 그렇지만 문제들을 미리 접해보며 자신만의 방법을 찾을 수는 있습니다. 실제 수험생 커뮤니티에 들어가 보면 국어 공부를 하며 체득한 각자의 공부법들을 확인할 수 있는데, 정말 제각각이더군요. 각 분야에 대한 자신만의 학습법을 제시해 놓았는데 비슷하면서도 분명다른 점이 존재하더라고요. 비문학을 강조하는 사람도 있고, 무작정 문제를 많이 푸는 것이 답이라는 사람도 있어서 볼수록 길을 잃은 듯한 느낌이 들더군요. 이럴 때 필요한 것이 '경험'입니다. 자신의 경험을 제시하는 이들 상당수가 재수생이나 대학생이거든요. 이들은 경험 끝에 얻은 자신의 노하우를 전하고 있습니다.

여러분은 미리 수능 기출문제를 풀어보고 스스로 자신의 접근방법을 고민해야 합니다. 그냥 문제를 풀고 답을 찾는 것에서 끝이 나면 안 됩니다. 자신만의 공부 방법론을 구축해야 합니다. 재료는 충분합니다. 시중에 출시된 기출 문제집 종류는 어마어마할 정도로 많죠. 평가원 홈페이지에서 역대 기출문제들을 직접 내려받기할 수도 있고요. 수능이 임박한 고등학교 3학년이 되어서야 방법을 찾고 있다면, 곤란합니다. 가능한 최대한 일찍부터 시작해야 합니다. 그래야, 경험이 쌓입니다.

조금씩 천천히, 막막함을 없애나간다①
– 비문학

✦

고등학생이 되면 공부량이 급격히 증가합니다. 그러는 와중에 국어 공부를 위해 온갖 문제집을 풀고, 학원을 다니고, 인강까지 들어야 한다면 그 부담은 너무 커지지 않을까요? 국어는 어느 날 벼락치기로 점수를 올릴 수 있는 과목이 절대 아닙니다. 하루아침에 실력이 늘어날 수 없다는 말이죠. 그러니 한 번에 많은 시간을 투자하기보다는, 장기적으로 꾸준한 접근이 필요합니다. 특히나 비문학의 경우 경험이 쌓일수록 실력이 늘게 됩니다. 자신이 가지고 있는 접근 방법에 어떠한 오류가 있는지 체득하려면 지속적인 경험이 필요하기 때문이죠.

시중에 《매일 지문을 세 개씩 푸는》 문제집 시리즈가 있습니다. 그런데 제 생각에는 세 개도 많아요. 하나씩 풀어도 충분하죠(물론 지문의 난이도에 따라 조금 늘어날 수도 있겠습니다). 다만, 그 하나의 지문을 완벽히 이해하는 과정이 있어야만 합니다. 그냥 문제를 풀고 답을 맞히는 것에서 끝내지 말고, 여러분만의 과정을 만들어 봐야 합니다. 예를 들면 이렇게 말입니다.

① 제한 시간을 두고 문제 풀기

우선 지문을 읽고 문제를 풀어야겠죠? 독해 능력을 점검하는 가장 좋은 방법은 제한 시간을 두는 것이기에 문제 수에 맞게 5분에서 7, 8분 정도로 제한 시간을 두고 문제를 풀어보세요. 실력이 쌓일수록 제한 시간을 줄여나가면 됩니다.

② 지문 다시 읽기

이 부분이 핵심입니다. 제한 시간이 끝나면, 답을 확인하기 전에 다시 한번 지문을 읽는 것이죠! 이번엔 제한 시간 없이 천천히, 최대한 지문 전체를 완벽히 이해할 수 있도록 꼼꼼하게 읽어보는 겁니다. 문제를 풀기 위해 빠르게 읽었을 때와 다시 읽었을 때 이해도의 차이를 확인합니다.

③ 다시, 문제 풀기

지문을 제대로 이해하고 난 다음 문제를 다시 봅니다. 처음 읽었을 때와 다르게 쉽게 문제가 풀린다면, 여러분은 그 지문을 비로소 이해하게 된 것입니다. 다만, 답을 찾으면서 답이 아닌 선지들도 면밀히 살펴보세요. 왜 정답인지를 찾는 것만큼 왜 오답인지를 찾는 연습도 중요합니다.

조금씩 천천히, 막막함을 없애나간다②
– 문학

✦

문학작품을 접했을 때도 마찬가지입니다. 특히 운문 문학의 경우, 보자마자 막막함을 느끼는 친구들이 많습니다. 시의 언어는 분명 일상 언어와는 다르기 때문이죠. 어떤 작품이 제시되든 나만의 공식을 적용해보는 것입니다.

① **시의 화자 찾기 – 화자의 정서 파악하기 – 화자의 태도 파악하기 – 표현법 정리하기**

현대시를 수업하는 선생님들이 가장 많이 설명하는 방법이기도 합니다. 현대시 지문을 분석할 때 문제로 제시되는 모든 요소를 순서대로 탐구하는 것입니다.

② **시가 아니라 한 편의 '글'이라 생각해 보기**

앞서 시의 언어와 일상 언어는 다르다고 했지만, 학생 중에는 시를 기계적으로 읽는 것이 편하다는 경우도 있더군요. 한 편의 글을 읽는다고 생각하는 것도 나름의 방법이 될 수 있습니다.

③ **긍정 vs 부정으로 접근하기**

이것은 운문뿐만 아니라 산문, 특히 소설에서도 적용될 수 있는 방법입니다. 시적 화자 입장에서 긍정적인 이미지를 지니는지 그 여부를 판단해 보는 겁니다. 소설에선 주인공과 관련하여 인물들이 어떠한 관계를 맺고 있는지를 살피는 것이죠. '긍정', '부정'이란 표현 대신 '플러스', '마이너스'로 접근하는 선생님들도 계시는데, 어쨌든 중요한 것은 여러분 나름의 방법을 설정해야 한다는 것입니다.

모든 공부의 시작, 읽기

　모든 공부 방법에는, 특히 국어 공부 방법에는 절대 정답이라는 것이 없기에 '이 방법이 최고다'라는 말에 현혹될 필요는 없습니다. '2주 완성 비문학 독해법'과 같은 표현은 모두에게 적용되는 것이 아닙니다! 맞는 친구에겐 그것이 정답일 테고, 맞지 않은 친구에겐 오답일 테니까요. 맞지 않은 옷을 자꾸 입으려고 하면 결국 옷은 터져버리겠죠. 제가 앞서 제시한 방법들도 여러 방식 중 몇 가지를 소개한 것에 불과합니다. 결국, 본인이 직접 찾아야 합니다. '발품을 판다'라는 말을 들어봤을 겁니다. 국어 선생님과 상담을 하든 친구의 방법을 베끼든 또는 인강 선생님의 말을 그대로 따라 하든 간에, 다양한 방법론적 접근을 통해 본인만의 '노하우', 즉 '국어 공부 기술'을 구축하십시오.

그런데 말입니다. 국어 과목을 '도구교과'라 부른다는 걸 알고 있나요? 국어 지식이 다른 과목의 수업 내용을 이해하기 위해 기초적으로 갖춰야 할 역량으로 평가된다는 의미입니다. 도구처럼 사용된다는 말이죠. 그리고 이 국어 공부의 시작은 결국 '읽기'입니다. 읽기가 잘 이루어져야만 사고의 확장이 이뤄질 것이고, 그래야 문제도 풀어낼 수 있습니다. 고등학교 입학 전에 조금이라도 여유가 있다면, 책을 읽으며 문해력을 갖추기 위한 노력에 좀 더 힘써보는 건 어떨까요? 국어를 잘하면 모든 과목을 잘할 수 있고, 국어를 잘하려면 결국 시작은 '읽기'여야 합니다.

수학 공부,
어떻게 할 것인가?

더하기도 못 하는데 곱하기를?

✦

수학 공부를 이야기할 때 가장 큰 화두는 당연히 '선행'의 문제입니다. 고등학교 입학 전의 수학 선행 여부가 입시를 이미 좌우한다고 할 정도이니까요. 객관적이고 냉정하게 이야기하면, 선행이 이뤄졌을 때 유리한 건 사실일 겁니다. 선행제도가 금지되기 전에는 학교에서도 이미 선행이라는 걸 당연시 여겼으니까요. 문제는 그 선행이 누구에게나 유리한 건 아니라는 점입니다.

더하기를 못 하는 아이에게 갑자기 곱하기를 가르칠 수는 없습니다. 수학은 위계성이 매우 강한 과목입니다. 앞 단계 학습이 완전히 이뤄지지 않고서 다음 단계로 넘어가선 안 된다는 의미입니다. 우리는 선행에 너무 집착한 나머지 주춧돌을 약하게 세우는 경향이 있습니다. 조금 느리더라도 단단하게 실력을 갖추는 것이 당연하지 않을까요? 무리하게 학원에서 선행학습이 이뤄지다 보니, 정작 수업 시간을 무의미하게 흘려보내는 친구들이 점점 더 많아지고 있습니다. 그러니 자꾸 '수포자'가 생기게 되는 것이죠. 고등학교 현장에 수포자는 상상 이상으로 많습니다. 수학 성적을 올리기 위해 학원도 다니고 과외도 받지만 소용없습니다. 고등학교 이전 교육과정이 제대로 갖춰지지 않았는데, 그걸 무수히 반복해봤자 시간 낭비일 뿐입니다.

답을 찾기 위해
다시 원점으로 돌아갈 필요도 있다

✦

수학 성적을 올려야만 한다면, 돌아가서 다시 시작하면 됩니다. "고등학생이 쪽팔리게 중학교 공부를 어떻게 해요"라고 하는 친구들도 있습니다. 그런데 그게 수포자가 되는 것보다는 낫지 않을까요? 창피하게 여겨진다면, 조용히 EBSi에서 무료 인강을 찾아 들으세요. 고3이라고 3학년 강의만 들어야 하고, 고등학생이라서 고등학교 강의만 들어야 하는 법이 어디 있습니까. 누구에게나 개인

차는 존재합니다. 이를 인정하고, 내 수준을 인지한 후 나에게 맞는 내 수업을 찾아 수강하는 것이 먼저입니다.

저는 대학 입학을 위해 재수생의 삶을 살았습니다. 개인적으로 제가 가장 취약했던 과목은 영어였는데, 스무 살의 저는 당당하게 중학생용 문법 교재를 샀습니다. 같이 재수생 시절을 보낸 친구들은 EBS 교재를 풀거나 영어 공부를 따로 하지 않아도 될 정도로 실력이 좋았는데, 저는 도무지 따라갈 수가 없었죠. 재수생이 되고서야 영어에 눈을 뜰 수 있었습니다. 그때 중학생용 문법 교재를 사지 않았다면, 아마 전 끝까지 눈을 감고 살아야 했을 겁니다. 물론 지금도 영어 실력이 탁월한 것은 아닙니다. 그러나 당시 수능 시험을 잘 치를 수 있는 정도로 발전했던 것 또한 사실이었습니다. 누구에게나 마찬가지입니다. 공부에는 단계가 있고, 그 단계를 차근차근 밟아나가야 절대 무너지지 않는 단단한 기둥이 세워지는 것입니다.

1등급을 원해?
그렇다면 개념부터 확실하게!

✦

수학 과목에는 무수히 많은 하위 단원들이 존재합니다. 지수, 로그, 행렬, 확률, 통계 등 도형이나 그래프를 다루는 단원들도 있죠.

자, 그럼 질문을 던질 테니 답해보세요. 여러분, 분수가 뭐죠? 방정식은요? 혹시 근의 공식은 언제 사용하는 것인지 알고 있나요?

중학교 수학 문제를 살펴보면 특정 개념의 확인 문제가 주를 이루고 있음을 알 수 있습니다. 문제를 보자마자 어떤 개념을 적용하면 되는지 명확하기에, 연산 능력만 잘 갖추고 있으면 대부분 답을 맞힐 수 있다는 뜻이죠. 그렇지만 학년이 올라갈수록 이 과정이 어려워집니다. 당연합니다. 문제를 보자마자 이게 어떤 개념을 활용해서 풀어야 할지 쉽게 떠오르지 않는다는 말이죠. 심지어 한 문제에 삼각함수, 함수 연속의 정의, 적분의 활용 등을 동시에 적용해야 하는 문제도 있습니다. 문제 풀이만 반복하는 친구들은 여러 유형이 복합적으로 제시되는 문제에는 손도 댈 수 없을 겁니다. 유형은 늘 일정하게 유지되는 것이 아니니까요.

"나 수학 다 끝냄."

시험 기간에 이런 말을 하는 친구들을 종종 보게 됩니다. 끝냈다? 아마도 이 친구는 '수학 시험공부를 더는 하지 않아도 될 정도로 (나름대로) 완벽히 준비했다'라는 말을 하는 거겠죠. 그렇다면 대체 '공부의 끝'은 어디입니까?

공부의 끝은 존재합니다. 적어도 시험 범위의 끝은 분명 존재합니다. 그것은 '누군가에게 설명할 수 있을 때'라고 할 수 있습니다. 앞서 이야기한 바 있지만, 시험 문제를 가장 잘 풀 수 있는 사람은 출제자, 곧 선생님입니다. 그 선생님의 위치까지 도달했을 때 비로소 '시험공부를 끝냈다'라고 표현할 수 있는 겁니다.

그래서 반드시 행해야 할 것이 '개념 학습'입니다. 특정 개념이 가지고 있는 배경이나 정의 등을 숙달하고, 이 개념을 어디에 어떻게 활용할 수 있을 것인지까지 고민해야 합니다. 그래야 완벽한 설명이 가능해짐은 물론, 유형 문제에 접근하는 힘도 생깁니다. 이에 대해서 학교 현장의 수학 교사들은 물론 저명한 수학 학자들도 이구동성 한목소리를 내고 있습니다. 문제 풀이가 중요하지 않다는 것이 아닙니다. 그보다, 제가 하고자 하는 말은 수학 공부에는 분명 순서가 있다는 것입니다. 개념 정리가 이뤄진 후에 문제 풀이로 넘어가고, 문제를 마주했을 때 어떤 개념을 응용하면 되는지 연습하는 것입니다. 좀 더 '단단한 공부'를 해보지 않겠습니까?

수학도 노트 정리가 필요하다

✦

등교 시 가끔 학교 정문 앞에서 학원에서 나눠주는 연습장을 받아본 경험이 있죠? 적지 않은 친구들이 이 노트를 수학 문제 풀이 연습장으로 사용하는 것을 보았습니다. '막 쓰기에' 좋다는 이유에서였죠. 그런데 수학 문제 풀이는 절대 막 하면 안 됩니다. 학습 관련 커뮤니티나 포털 사이트를 검색해보면 수학 노트 정리의 예시를 많이 볼 수 있습니다. 그 자료들을 보면서 '수학을 뭐 저렇게까지 해'라고 생각하는 친구들도 있겠지만, 저는 그건 틀린 생각이라고 말하겠습니다. 수학은 어느 과목보다도 깔끔하고 명확하게 노트 정리를 해야 합니다.

특히나 문제 풀이를 할 때 이 노트 정리는 굉장히 강력한 힘을 발휘합니다. 어떤 과목이든 시험 문제를 만나면 우린 답을 찾아내야만 합니다. 그런데 수학 과목은 답을 찾아가는 그 일련의 과정이 매우 중요하죠. 정확한 풀이 과정에서 한 치만 벗어나도 답은 틀려버리니까요. 그래서 평소 문제를 풀 때 그 과정을 깨끗하게 정리하는 습관을 들여야 합니다. 어느 순간 어떤 개념이 적용되었는지, 연산의 실수는 없었는지, 좀 더 나은 풀이 과정은 없는지를 꼼꼼히 살피다 보면 기존에 정리했던 수학 개념들이 더 쉽게 활용될 수 있을 것입니다.

야, 너도 수학 잘할 수 있어

✦

"아니, 너 미적분은 배우지도 않았는데 왜 확률과 통계가 아니라 미적분이야?"

여름방학이 끝나고 수능 선택과목을 선정해야 할 때, 우리 반 친구가 문과임에도 '미적분'을 선택하겠다고 하자, 제가 한 말이었습니다. 제 질문에 이 친구는 너무도 당당하게 이렇게 말하더군요.

"어차피 찍을 건데, 미적분이 조금 더 등급이 잘 나오더라고요."

애초에 수학 문제를 풀 생각이 없었던 거죠. 수학 때문에 문과를 선택하고, 수학을 반영하지 않는 대학과 학과를 찾으려는 친구들이 해가 갈수록 늘고 있습니다. 제 경험상 특히 체대 입시를 하는 친구들은 '정시에서 수학 점수를 반영하지 않는' 대학을 특히나 선호하더군요. 대표적인 몇몇 대학교가 있었는데, 덕분에 이 대학들의 경쟁률은 매우 높았습니다. 실기에서 만점을 받지 않으면 합격 가능성이 거의 없어지게 될 만큼 말이죠.

여러분, 그런데 반대로 생각해 보죠. 수학 점수까지 잘 갖춰져 있다면 그만큼 선택의 폭이 넓어지지 않을까요? 자꾸 반복하고, 암기하고, 풀기만 하다 보니 수학 실력이 늘지도 않고 흥미도 떨어지는 것입니다. 처음에 틀리는 걸 두려워하지 마세요. 단, 왜 틀렸는지를 꼼꼼하게 살펴보세요. 왜 틀렸는지가 보이기 시작하면 수학은 여러분의 대입에서 그 무엇보다 강력한 무기가 되어줄 겁니다. 수학은 포기해야 할 과목이 아니라, 반드시 극복해야 할 과목입니다.

여섯 번째 이야기

영어 공부,
어떻게 할 것인가?

어휘 암기, 예시 문장에 주목하라

◆

이 글을 쓰던 중 허기가 느껴지네요. 여러분, 가장 좋아하는 음식이 뭔가요? 가장 좋아하는 건 아니지만 저는 지금 갑자기 '김밥'이 떠올랐습니다. 여기서 돌발 퀴즈! 김밥이 뭘까요? 김밥이 무엇인지 설명하지 못할 친구들은 아마 없을 겁니다. 그런데 여러분은 김밥의 의미를 알기 위해 '김밥-김 위에 밥을 펴서 어쩌고저쩌고', '김밥-김 위에 밥을 펴서 어쩌고저쩌고', '김밥-김 위에 밥을 펴서 어쩌고저쩌고' 이렇게 반복해서 노트에 적어 외웠던가요? 그렇지 않습니다. 어쩌다 보니 또는 살면서 '김밥'이란 단어가 의미하는 것이 무엇인지 자연스레 알게 되었을 겁니다. 그 단어를 실제로 많이 사용해왔기에, 우리 뇌 속에 그 단어의 의미와 이미지가 잘 자리 잡게 된 거죠.

영어 어휘도 마찬가지입니다. 노트에 열 번 스무 번 반복해서 적는 것은 효율적인 암기가 아닙니다. 이것은 시간이 지나면 잊힐 수밖에 없습니다. 결론만 간략히 이야기하자면, 무식하게 외우지 맙시다. 어휘의 의미를 아는 것은 반드시 필요한 과정이긴 한데, 기왕이면 외우는 방법도 똑똑한 게 좋습니다. 암기를 위한 암기는 절대 우리가 생각하는 것만큼 효율적이지 않기 때문입니다.

영어 어휘 암기의 목적은 '어휘 암기' 그 자체이지 않습니다. 그 쓰임은 결국 문장을 해석하는 도구로 활용하기 위함에 있습니다. 그래서 영어 어휘를 효율적으로 머릿속에 남기기 위해서는 반드시 문장 안에 녹아있는 형태로 구현해 봐야 합니다.

개인적으로 저는 '어휘집'이 필요한 것인지에 대한 의문을 가지고 있습니다. 교과서나 독해 문제집을 풀면서 알지 못하는 어휘들을 따로 정리하는 편이 더 낫다고 보는 입장입니다. 그렇지만 많은 학생이 어휘집을 붙들고 암기를 하지 않으면 불안해합니다. 어휘집을 보면 반드시 특정 어휘가 활용된 예문이 함께 제시되는 것을 확인할 수 있습니다. 우린 그 예시 문장에 주목해야 합니다. 그 문장을 그냥 흘려보내지 마세요. 어휘만 반복해서 빽빽하게 노트를 채울 것이 아니라, 문장을 적어야 합니다. 의미는 물론 문장 안에서 어떠한 역할을 하는지, 문장 성분은 어떤지와 같이 활용 양상에 대해 면밀히 따져보는 것이 진정한 '어휘 암기'입니다.

왜냐고요? 수능 시험지에 어휘의 뜻을 직접적으로 묻는 경우는 없습니다! 내신도 마찬가지죠. 변별력이 높은 고난도 문제들은 서술형의 '영작' 문제들이라는 것 알고 있지 않나요? 우린 공부할 때 눈앞에 주어진 것들만 해결할 것이 아니라, 왜 이 공부를 하고 있는지를 먼저 생각해야 합니다. 다시 한번 강조하지만, 어휘 암기의 목적은 결국 '문장 해석'입니다. 그리고 이러한 공부 방법은, 문법 공부에도 똑같이 적용된다는 것을 알아야 합니다.

이해했으면,
적용할 수 있어야 한다

✦

문법 공부는 어떤가요? 유명 강사의 인터넷 강의도 좋고, 직강을 찾아 듣는 것도 저는 찬성입니다. 문법 교재를 'N회독' 하는 것도 역시 찬성이고요, 학교 수업에 충실하여 학습하는 것 또한 저는 좋다고 생각합니다. 그런데 문제는 그러고 끝이라는 점입니다. 문법은 하나의 법칙이지만, 그것이 진정한 법칙으로 실현되기 위해서는 결국 글 속에서 어떻게 나타나고 있는지를 확인할 수 있어야 합니다. 문법 공부와 독해는 별개가 아니라는 것이죠. 문법은 문법 교재로만 하고, 독해 교재에선 독해 연습만 하는 그런 이분법적인 학습이 영어 학습의 효율을 떨어뜨리고 있습니다.

다행히도 이를 일원화한 교재들을 시중에서 적지 않게 찾아볼 수 있습니다. 구문을 활용하여 필수 문법들을 익힐 수 있게 제시된 교재들이죠. 난 이미 다른 문법 교재로 공부를 시작해버렸다? 그럼 반드시 학습했던 문법을 적용하여 '문장 만들기'를 직접 해보세요. 특정 문법을 활용하여 문장을 만들어보면, 거꾸로 독해할 때 이미 구현되어 있는 법칙들을 찾기가 수월해질 것입니다.

앞서 어휘 학습에 대해 언급한 부분에서도 이야기했지만, 문법 공부도 그 공부 자체가 최종 목표인 것은 아닙니다. 영어 지문을 해석하든, 심지어 영어 회화를 하든 법칙이란 것은 적용되어야 그 가치가 실현됩니다. 머릿속에만 두지 말고, 꺼내서 쓰라는 말입니다!

수많은 독해 기술 중
내 거 하나가 없을까?

독해는 앞서 국어 공부법에 대해 언급한 내용과 일정 부분 통하는 지점이 있습니다. 영어 독해에서 가장 어려운 부분이 뭘까요? 그건 바로 '어떤 독해 기술을 배워야 하는가'입니다. 끊어읽기, 소리내어 읽기, 연상하며 읽기, 키워드만 읽기…. 각각의 읽기 방법들도 세부적으로는 다 다르게 제시됩니다. '이것만 알면 영어 독해 완벽 해결'과 같은 식의 유튜브 영상들이 넘쳐나더군요. 더불어 수많은 학원 선생님들은 물론 학교 선생님들도 모두 각자 나름의 방법을 제시하고 있습니다. 정말 놀라운 점은 그 누구도 틀리지 않았다는 것입니다. '누가 더 낫다'를 판단하기 어려울 정도로 매우 유익하고 괜찮은 방법들이라는 거죠. 앞서 말했듯, 그중에서 나에게 맞는 방법을 찾아내고 진정한 '내 것'으로 승화시켜야 하는 것이 중요한 이유가 여기에 있습니다. 발품팔기! 그런데 문제는 뭐다? 조급함과 불성실이다!

아무리 유명한 인강 강사라 하더라도, 갑자기 단 며칠 만에 5, 6 등급을 1등급으로 상승하게 만들 수는 없습니다. 그게 가능하면 그분은 이미 우리나라에서 신적인 존재가 되어 있겠죠. 그런데 우린 너무 조급합니다. 물론 특정 방법을 사용하자마자 첫 시험에서 성적이 팍팍 올랐다면 더할 나위 없을 겁니다. 시험 한 번으로 성적이 올라가지 않으면 다수의 학생은 '이 방법은 틀린 방법'으로 치부해버립니다. 그럴 땐 꼭 스스로 질문을 던져보세요. '정말 제시된 방법을 그대로 사용하였는지', '꾸준하게 실천하였는지' 그리고 '정말 변한 점이 하나도 없는지'와 같은 질문 말입니다. 고등학교 3년 내내 독해 기술만 줄곧 바꿔가다가 시간을 보내면 안 됩니다! 그래서 이왕이면 이러한 독해 기술을 미리 접해보고 자기의 방법을 미리 갖춰 놓는 것이 중요하다고 말하는 것입니다. 당장 학원이나 학교 수업에서 실행하기가 어렵다면 손쉽게 접할 수 있는 유튜브나 EBS 강의를 활용해 시작해봅시다!

교과서의 본문은 외워야 할까?

✦

"그나저나 영어 공부는 어떻게 하고 있니?"

우리 반에서 1등을 놓치지 않던 친구의 입시상담을 하다가, 우연히 영어 학습법을 물어 본 적이 있었습니다. 그 친구가 답한 대표적인 방법은 '본문 외우기'였죠. 조금 의외였습니다. 양이 많아서 힘들진 않았는지, 시간이 오래 걸리진 않았는지 꼬치꼬치 캐물었습니다. 제 머릿속엔 '그건 틀린 방법이다'라는 선입견이 있었나 봅니다. 그런데 1등 친구의 답은 저의 생각이 선입견이 맞으면서도, 선입견이 아닌 것이 되어버리는 묘한 답이었습니다.

"외우긴 하는데 대충 외워요."

여기서 '대충'이라는 말의 의미가 굉장히 중요합니다. 보통 본문을 암기할 때 어휘 하나하나를 꼼꼼하게 외우고, 또 본문을 몇 번씩 써가면서 외우는 친구들이 있죠. 그럴 필요까진 없다는 말입니다. 교과서 본문에 있는 모든 내용이 중요한 것은 아니거든요. 한 편의 글이니 흐름을 파악하고, 또 수업 시간에 선생님이 강조한 내용들 위주로 암기하는 것이 1등 친구의 방법이었습니다. 암기를 위한 암기가 아니라, 전체적으로 확실하게 짚고 넘어가야 할 부분들을 반복해서 정리하다 보면 자연스레 암기가 된다는 것이었죠. 다만, 정말 중요하다 생각되는 문장들은 반드시 여러 번 반복해서 적어보았다고 합니다.

교과서 본문 전체를 베껴 쓰며 억지로 암기하는 것은 굉장히 비효율적입니다. 이 사실을 모르는 친구들은 없으리라 봅니다. 이러한 암기는 기억하기 위함이지, 결코 문제를 풀어내기 위함이 아닌 거죠. 암기 자체가 잘못된 것이란 말은 아닙니다. 영어 공부에는 어느 정도의 암기가 분명 필요합니다. 다만, 선별적인 암기를 해야지 무분별하게 모조리 암기해선 안 된다는 사실을 꼭 기억하세요!

영어를 잘하는 방법 vs 영어 시험을 잘 치르는 방법

✦

저는 여러분이 영어를 잘하는 방법은 알려드릴 수가 없습니다. 저도 영어를 그 정도로 잘하진 못하거든요. 제가 알려드릴 수 있는 것은 '영어 시험을 잘 치를 수 있는 방법'입니다. 그런데 놀랍게도, 이 두 가지는 크게 다르지 않더라고요. 영어를 잘하기 위해서든 영어 시험을 잘 치르기 위해서든 간에, 우린 무엇보다 '말하고, 듣고, 읽고, 쓰기'를 해야 합니다. 영어 어휘 하나를 외울 때도 직접 소리를 듣고 따라서 말해봐야 하거든요. 문제를 풀려면 읽기가 선행되어야 하고, 어휘나 문법 학습을 잘 적용시키려면 직접 써보는 것만큼 좋은 방법이 없습니다.

영어 공부에 '스킬'만 적용하려 애쓰지 마세요. 문제집부터 들기 시작해선 안 된다고요! 기본에 충실한 영어 학습이 문제 풀이보다 먼저입니다. '우아하고 낭만적인 방법'이라며 비판하는 사람도 있지만, 디즈니 애니메이션 스크립트를 읽거나, 해리포터 원서를 읽거나, 트렌디한 팝을 들으며 공부하는 것이 절대 비효율적인 학습이 아니라는 것!

일곱 번째 이야기

사회 공부,
어떻게 할 것인가?

수능 사회 탐구 과목
선택 방법

◆

사회 탐구 과목은 굉장히 다양하고, 또 그 선택에 따르는 과목별 장단점이 존재하기에 신중한 선택이 필요합니다. 대학 입시가 변화하면서 선택의 폭이나 과목의 종류가 변화할 수도 있어서 현재의 기준으로 이야기하겠습니다. 복합적인 접근이 이뤄져야 하므로, 다양한 선택 기준을 소개하겠습니다.

① 평소 좋아하는 과목을 선택하기

이런 말이 있죠. '천재는 노력하는 자를 이길 수 없고, 노력하는 자는 즐기는 자를 이길 수 없다.' 제 생각도 이와 같습니다. 쉽거나, 점수가 잘 나오는 것을 우선 기준으로 두기보다는 자신이 재미있게 공부할 수 있는 과목을 선정하는 것이 수험생활 전체를 보았을 땐 더 효과적이라 할 수 있다는 거죠. 사탐만 시험 보는 것 아니잖습니까. 국어, 영어, 수학 등 다른 과목들을 학습할 때 느껴지는 부담을 생각해 보면 어차피 할 공부, 재미있는 과목을 선택하는 것이 학습 효율을 끌어올릴 수 있는 현명한 방법이 될 수 있습니다. 그리고 이는 대학의 학과 선택을 할 때도 영향을 줄 수 있기 때문에 진로와 적성을 고려하는 것이 어쩌면 당연할지도 모릅니다. 변해가는 입시를 고려할 때 특정 학과에선 특정 선택을 요구할 수도 있다는 점을 알고 있으리라 생각합니다. 그러니 본인이 좋아하는 분야에 맞는 선택을 하는 것이 좋습니다. 그런데 좋아하는 과목이 없다고요? 그래서 다른 선택 기준도 이야기하려 합니다.

② 교과별 관련 있는 것들끼리 묶기

'시너지'의 의미를 떠올려 봅시다. 예를 들면 이런 겁니다. '생활과 윤리'와 '윤리와 사상'을 모두 선택하면 두 과목 간에 연계되는 내용이 아주 많죠. 겹치는 내용이 많은데 그 안에서 추가적인 내용이 제시된다거나, 특정 내용이 심화 학습이 이뤄진다거나 하는 차이만 있습니다. 이렇게 되면 학습 효과를 크게 끌어낼 수 있을 겁니다. 더불어 역사 과목끼리 묶을 수도, 지리 과목끼리 묶을 수도 있습니다. '쌍사, 쌍지, 쌍윤'이라고 부르더군요.

③ 학교 수업과 연계하기

사회 탐구 과목들의 내신 시험 준비는 수능 준비를 하는 것에서 크게 벗어나지 않습니다. 교육과정을 살펴보고 내신과 수능 대비가 자연스레 이뤄질 수 있도록 선택하는 방법도 있죠. 다만, 학년 및 학기마다 개설되는 과목이 다르므로 자신이 구상한 학습 계획에 들어맞는 적절한 시기에 개설되는 과목을 살펴야겠죠?

④ 그밖에

응시자 수를 고려하는 친구들도 있습니다. 이는 등급이나 백분위, 표준점수 때문에 생겨난 기준입니다. 응시자 수가 많을수록 등급은 좋게 나올 수 있을 테지만, 반대로 표준점수는 낮게 나올 수 있습니다. 사람이 많을수록 만점자가 많이 나와서 시험 자체의 난이도가 낮은 걸로 여겨지면, 표준점수는 내려가기 마련이거든요. 다만, 이는 수능이 전면 절대평가가 될 경우 큰 의미가 없는 기준이 될 가능성이 큽니다. 그리고 여러분, 어차피 만점이 목표인 것 아니에요?

사탐은 고3 여름방학에
시작하는 거라고?

✦

    수능 대비 탐구 과목에 대한 학습, 특히 사회 과목 공부를 고3 여름방학에 시작하는 경우가 많습니다. 실제로 유명 학원가의 여름은 사회 탐구 수강을 위해 학원을 찾는 수험생들로 북적북적합니다. 그런데 정말 사회 탐구 공부는 고3 여름에 시작해도 되는 것일까요?

    다시 말하지만, 우린 사회 탐구 시험만 치르는 것이 아닙니다. 나무가 아니라 숲을 볼 수 있어야 합니다. 평소에 투자하지 않다가 갑자기 사회 탐구에 시간을 많이 쏟아붓게 되면 다른 과목, 국영수 학습 시간이 줄어들겠죠? 여름방학이면 수능 전 D-100일 정도 되는 시기일 겁니다. EBS 수능 완성 교재가 출시되는 시기이기도 하죠. 더불어 담임 선생님과의 수시 상담까지!

    결론을 이야기하면, 고3 여름방학에 새로운 무언가를 시작하는 건 '틀린' 방법입니다. 그땐 점수를 올리는 시기이지, 처음으로 개념 학습을 하는 시기가 절대 아니니까요! 뒤늦게 시작하기보단 장기적으로 접근하는 편이 좋습니다. 1, 2학년 때 미리 본인이 선택할 과목을 정해놓고 적어도 하루 30분씩만이라도 들여다보면서 호흡을 길게 가져가는 것이 좋습니다.

사회 탐구 암기 방법

◆

사회 학습 내용 암기의 필요성 여부는 논하지 않겠습니다. 외우지 말라고 해도 다들 외울 테니까요. 또한 사회 공부는 분명히 암기가 절대적으로 필요한 과목이긴 합니다. 이런 생각이 들더라고요. 이왕 외울 거라면 좀 더 효율적인 암기 방법을 알고 있는 편이 낫겠다고 말이죠.

친구들이 사탐 학습 내용 암기에 있어서 가장 힘들어하는 부분은 '방대한 학습량'이었습니다. 공부하고, 또 외워야 할 내용이 너무 많다는 것이었죠. 사실 이 문제는 굉장히 간단하고 단순하게 해결됩니다. 공부할 내용이 많으면, 공부 시간을 길게 투자하면 되는 겁니다. 시험 기간이 다가올 때 급히 학습에 임하기 때문에 그 양이 많게 느껴지는 것이죠. 단 며칠 만에 시험 범위를 쉽게 공부하려는 안이한 태도는 절대 도움이 되지 않습니다. 여러분, 평소에도 하면 됩니다.

장기적으로 접근하면 결코 많은 양이 아닙니다. 시험 문제에 '임진왜란 발발 연도는?'과 같은 문제가 출제되진 않거든요. 임진왜란에 대해 학습할 땐 발발하게 된 배경, 전쟁의 흐름, 전쟁의 결과 및 의의 등을 정리해야 합니다. 연표만 놓고 달달 외우는 게 아니란 거죠! 한 가지 사건에 얽힌 여러 정보를 정리하다 보면 암기는 '자연스럽게' 이뤄집니다. 단, 그 정리는 반드시 '나의 언어, 나의 방식'으로 이뤄져야 합니다. 그리고 이러한 정리를 흔히 '단권화'라고 부릅니다.

사회 탐구 단권화

◆

사회 탐구 과목을 단권화할 때 가장 중요한 것은 '나의 언어'입니다. 물론 기본 개념 학습이 선행되어야겠지만, 수업을 열심히 듣는다고만 해서 그 지식이 고스란히 내 것이 되는 게 아닙니다. 최근 들어 이 단권화에 대해 부정적인 시각이 존재하는 것도 사실입니다. 불필요한 시간 투자가 크다는 것이 이유입니다. 좋은 인강 선생님 찾아서 수업 듣는 게 더 효율적이라고 말합니다. 그렇다면 여러분, 사회적으로 잘 알려진 선생님의 수업을 듣는 모든 학생이 다 수능에서 만점을 받을까요? 그렇게 수업료를 치르고 강의까지 들었는데 만점을 받지 못하는 이들이 있다면, 그 이유는 무엇일까요? 답은 정해져 있습니다. '자기 공부'를 하지 않았기 때문이죠.

그래서 필요한 것이 단권화이고, 이는 특정 교재를 그대로 베끼는 작업이 아닙니다. 교사의 말을 그대로 옮겨 적는 것도, 누가 예쁘게 노트 정리하는지 뽐내는 것도 아닙니다. 더불어 방식이 정해져 있지도 않습니다. 오직 '내가 잘 이해하기 위한' 과정이고, 이 과정이 끝나면 여러분에게 전해지는 효과는 상상 이상으로 크다고 할 수 있습니다. 아마 친구들에게 강사처럼 설명을 해줄 수 있을 정도로 정리가 될 거라고 자부합니다. 그렇다면, 대체 효과적인 단권화 방법은 무엇일까요?

① 한 편의 '글'로 작성하기

기존 문제집에는 '개조식'이라 하여 기본 개념과 관련한 요점들이 간략히 정리되어 있습니다. 그러니 단권화를 개조식으로 하면 그것은 '나의 언어'라고 할 수 없는 것이죠. 그럴 바에야 기존에 하던 대로 문제집을 보면 될 테니까요. 기본 개념과 관련한 요점들의 '연결'을 이뤄내는 것이 단권화입니다. 역시나 한국사를 예로 들어 볼까요?

〈조선 후기 실학자〉

- **중농학파**…
- **중상학파**…
  - 유수원: 사농공상 평등 주장, 〈우서〉 편찬
  - 홍대용: 중화주의 비판, 지전설 주장, 〈담헌서〉, 〈의산문답〉 편찬…

앞의 예시와 같은 정리를 '개조식'이라 합니다. 우린 공부할 때 어차피 이 내용을 머릿속에 집어넣어야 합니다. 굳이 이렇게 정리할 거라면 이미 잘 정리된 교재를 구입하는 편이 낫지요. 단권화를

할 필요가 없다는 겁니다. 잘 이해하여 잘 암기하려면, 평소 사용하는 자신의 언어로 정리하는 것이 더 효율적입니다.

〈조선 후기 실학자〉

조선 후기 실학자를 중농학파와 중상학파로 나눌 수 있어.

중농학파에는…

중상학파의 대표적 학자로는…

다음 홍대용이야. 홍대용은 중화주의, 그러니까 중국 중심의 세계관을 비판했어.

홍대용이 당시에 중국 연행을 다녀왔는데, 중국은 명과 청의 대립이…

물론 이 작업은 시간의 측면에서 봤을 때 효율적이지는 않을 겁니다. 그렇지만 매우 단단한 방법이 될 수는 있죠. 장기적인 접근이 가능하다면 사회 탐구 과목의 각 개념이 서로 얽히고설켜 있다는 점에 착안하여 적당한 길이의 '글'로 정리해 볼 것을 추천합니다. 이는 정보간 연결, 암기 효과 극대화 등 여러 장점이 발생하는 방법입니다. 모든 내용을 글로 표현하는 것이 어렵다면, 핵심 내용 혹은 어려웠던 개념만이라도 시도해 보는 건 어떨까요?

② A4 용지에 정리하기

A4 용지에 정리할 때의 장점은 내용을 '추가'하는 것이 용이하다는 점입니다. '수정'하기에도 좋은 방법이겠죠. 해당 단원에 끼워 넣기만 하면 되니까요. 그렇다면 뭘 끼워 넣을까요? 바로, '오답

정리'입니다.

특정 교과의 개념과 이를 응용한 문제는 절대 별개로 존재하지 않습니다. 사회 탐구 영역은 특히 개념만 잘 이해하면 풀 수 있는 문제들이 많으므로, 단권화 노트에 오답 노트를 같이 정리하면 그 효과를 더욱 크게 느낄 수 있습니다. 개념이 어떻게 문제로 실현되었는지도 잘 살펴볼 수 있겠죠. 결국 단권화의 목표 중 하나는 문제 풀이이고, 문제 풀이 연습의 목적은 시험 문제를 잘 풀기 위함이니까 분명 큰 도움이 될 겁니다.

오답 정리를 A4 용지에 할 때 꼭 모의고사 시험 내용만 정리할 필요는 없습니다. 하는 김에 평소 푸는 문제집이나 학교 선생님이 제공하는 연습문제에서 틀렸던 내용을 함께 정리하는 것이 더욱 효과적입니다. 그리고 꼭! 문제부터 직접 적도록 합시다. 반드시 문제에 답을 찾는 힌트가 들어있기 마련이니까요.

외울 시간이 없어서
못 하는 것이 아니다

◆

어떤 과목이나 마찬가지겠지만, 사회 과목은 절대 뒤로 미뤄도 되는 과목이 아닙니다. 그렇다고 다른 과목에 비해 더 큰 비중을 차지하고 있는 것도 아니죠. 그냥 '늦게 할수록 후회가 되는 과목'

정도로 정리할 수 있을 듯합니다. 갑자기 책 한 권을 뚝딱 외우기엔 힘이 듭니다. 장기적으로, 확실하게 정리하면서 최종 목적지까지 꾸준히 학습을 이어가기를 권합니다. 여러분, 우린 시간이 없어서 공부를 못 하는 것이 아닙니다. '미뤄도 된다'라는 말은 '지금 하기 싫다'와 같은 의미입니다.

과학 공부,
어떻게 할 것인가?

수능 과학 탐구 과목 선택은
무조건 좋아하는 과목으로!

✦

과학 탐구는 자신의 진로와 적성을 고려하여 선택해야 합니다. 이유는 명확합니다. 대학의 학과별로 이수를 요구하는 과목이 정해져 있기 때문입니다. 서울대에서는 2024학년도 전공 연계 교과 이수 과목을 발표했습니다. 자세한 내용이 궁금하면 '서울대 2024 전공 연계 교과이수'로 포털 사이트에서 검색하여 찾아보세요. 사실, 이는 반드시 필수적인 것은 아닙니다. 그렇지만, 수시모집은 '대학의 특정 학과 공부를 잘 할 수 있는가'의 여부를 판단하는 것이므로, 권장 교과의 이수는 굉장히 중요한 요소로 작용할 수 있음을 숙지해야 합니다.

예를 들어, 서울대 천문학부를 목표로 한다면 '지구과학'과 더불어 '물리학' 공부를 해야 한다는 의미입니다. 수학 공부도 당연히 해야겠지만, 우선 과학 탐구에 대해서만 이야기해 보겠습니다. 자, 나라에서 우리에게 '선택'이라는 권리를 주었죠? 그런데 이는 예상되는 부작용이 분명 있었을 겁니다. 지구과학에 대한 기초 역량이 없는 상태로 천문학과에 입학하면 분명 대학 공부를 따라잡기 힘들 테니 말입니다. 그것을 방지하기 위한 대학의 조치입니다.

다시 말해, 미리 진로를 설정해놓고 이에 대해 만반의 준비를 하는 것이 유리합니다. 누가 정해주는 것을 선택하는 행위는 스스로 나락에 빠지는 길일 수 있습니다. 본인이 장기간 탐색한 결과를 기반으로 과목을 선택해야 합니다. 과목별로 선택자 수가 달라서 점수에 영향을 끼칠 수 있지 않냐고요? 대학에서는 선택과목이 확대됨에 따라 학교별로 과목 선택자 수에 대해서도 내신 점수에 반영하는 방법을 도입했습니다. 선택에 따른 유불리를 없애주겠다는 거죠. 수능 역시 절대평가화 될 움직임을 보이기 때문에 걱정할 필요 없습니다. 중요한 건 뭐다? 내가 재미있게 공부할 수 있는 과목 선택이다!

난 꿈이 없는데 어떡하냐고요? 앞으로의 대입은 '진로가 설정되어 있는 학생'이 유리해질 수밖에 없습니다. 냉정하게 말하면, 그렇습니다. 그래서 미리 진로 탐색을 할 필요가 있는 것이죠. 그 부분에 대해선 뒤에서 좀 더 살펴보도록 하겠습니다.

과학도 첫 단추가 중요하다

✦

앞서 수학 공부에 대해 이야기할 때 '1등급을 원한다면 개념부터 확실하게'라고 표현한 바 있습니다. 과학도 다르지 않습니다. 수능에서 과학 탐구의 경우 해가 거듭될수록 그 난이도가 상승하고 있습니다. 단순히 '어려워졌다'를 넘어 '복잡해졌다'라고 표현하는 것이 더 정확하겠네요. 과학 과목에 고난도 문제가 많아졌습니다. 그래서 과학 공부 또한 좀 더 확실하고 탄탄하게 해야 합니다. 개념 학습의 중요성을 계속해서 언급하고 있는데, 과학 과목은 특히 더 그렇습니다. '단계를 밟아나가야 하는' 학문이니까요.

교과서는 최고의 개념서가 될 수 있습니다. 시험 문제는 어쨌든 교과서 내용을 기반으로 출제되기 때문이죠. 학교 수업을 따라가기가 힘들다면 EBS 강의는 물론 유료 학원 강의를 추가로 듣는 것도 좋습니다. 인터넷 강의 시장 속 경쟁이 워낙 치열하다 보니 교재나 강의의 질이 굉장히 높아졌죠. 다만, 처음부터 문제 풀이 강의에 손대려 하지 말고 무조건 개념 강의부터 수강하십시오! 섣불리 문제 풀이에 나서다간 쉽게 무너질 수 있기 때문입니다. 지금

당장에는 쉽게 느껴질 수 있어도, 학년이 올라갈수록 '난이도 상승'을 매우 잘 느낄 수 있을 겁니다. 이미 중학생 때 물리, 화학, 생명과학 그리고 지구과학에 대해 조금씩은 다 접해봤을 것이기에 과목에 대한 기초적인 정보는 가지고 있으리라 봅니다. 이를 바탕으로 고등학교 과학 수업에 과감히 뛰어들어야 합니다!

과학도 선행을 한다?

'첫 단추가 중요하다'라는 말을 오해하진 않을 것 같지만, 그래도 노파심에 짚고 넘어가겠습니다. 과학 선행은 그리 효율적인 학습 방법이 아닙니다. 특목고 진학이 아닌, 일반고에 진학하는 학생들이 그동안 과학 탐구 과목 선행을 해왔던 이유가 뭘까요? 모두가 그런 것은 당연히 아니겠지만 상당수는 '대회 입상' 때문이었습니다. 전국 모든 학교에서 보통 5월 즈음에 치러지는 '경시대회'에서 입상하려면, 선행은 필수인 듯 여겨졌습니다.

그런데 이제 대학 입시에서 수상 내역이 사라집니다. '과학 선행'에 목맬 필요가 없어졌단 말이죠. 시간이 남는다고요? 그렇다면 추후 계속해서 많은 공부량을 차지할 수학에 시간을 투자하는 편이 더 올바른 선택일 겁니다. 과학만 공부할 거 아니잖아요? 전체 교과의 3년 계획을 생각해 보면 언제, 얼마만큼 시간 투자가 필요할 것인지 가늠할 수 있을 겁니다. 수학 선행에 투자하라는 것이 아니라, 지난 중학교 과정에서 부족했던 부분들을 복습하는 시간을 가지라는 말입니다!

물론 중학교 학습 내용에 대한 완벽한 정리가 끝났고, 더불어 시간 여유가 생겼다면 선행에 시간을 투자하는 것도 나쁘지 않을 것입니다. 미리 접해보면 대비하기가 수월해질 수 있으니까요. 선행을 하고자 한다면, 무조건 학원이나 인터넷 강의를 수강하기보다는 먼저 평가원 문제를 내려받기 하여 기출문제를 풀어본다거나 EBS 무료 강의 수강을 추천합니다.

선행의 목적은 '자신만의 커리큘럼 구축하기'가 되어야 합니다. 어떻게 공부해나가야 할 것인지를 고민해 보는 시간이 되어야 할 것입니다. 그래서 선행은 정말 맛보기만, 본격적인 학습 전 간 보는 정도라고 생각하고, 이를 바탕으로 구체적인 학습 계획을 세울 수 있도록 해야 합니다.

주체적으로 다양한 과학 관련 활동에 참여할 것

✦

저자로서 제가 이 책에서 강조하는 여러 요소 중 하나가 바로 '효율적인 공부'입니다. 중학교와 달리 고등학교에서는 대입과 관련하여 신경 써야 할 부분들이 상당히 많기 때문이죠. 충실한 학교 생활과 더불어 만족스러운 시험 성적까지 얻기 위해서는 시간의 효율을 최대한으로 끌어올려야 합니다!

인문계 고등학교에 '과학실'이 없는 경우는 거의 보지 못한 것 같습니다. 실험 역량이 그만큼 중요한 교과적 특성 때문일 겁니다. 이는 단순히 정규 수업에서만 이뤄지는 것이 아니죠. 동아리 활동 이나 부스 체험 활동, 그밖에 교외 활동에서도 다양한 과학 관련 활동에 참여할 수 있습니다. 이는 적어도 두 가지 측면에서 매우 효율적인 학습이 될 수 있습니다. 우선 시험에 도움이 된다는 점입 니다.

여러분이 '뜬금없는 주제'로 실험을 하진 않을 겁니다. 정규 수 업에서 다룬 내용을 기반으로 이뤄질 것이므로, 실험은 관련 지식 을 이해하는 데 매우 효과적입니다. '전기분해를 활용한 수소 연료 전지 실험'에 참여하며 화학 시간에 학습했던 '헤스의 법칙'을 직 접 검증해 보는 겁니다. 실제로 많은 학생이 직접 실험에 참여하며 관련 지식을 심도있게 이해하는 모습을 보여주더군요. 실제적 경 험만큼 좋은 학습은 없는 법이거든요.

더불어 이러한 과학 관련 활동들은 생활기록부에 그 활동 내용 이 기재되어, 여러분의 대입에 긍정적으로 작용할 수 있습니다. 최 근에는 '클러스터 활동', '주문형 강좌', '꿈의 대학'과 같은 (학교장 이 승인하는) 교외 활동도 다양하게 이뤄지고 있어서 '살아있는 공부'를 할 기회가 많아졌습니다. 당연히 누구에게나 열려있는 기회 겠죠? 여러분이 참여한다고 아무도 뭐라 하지 않아요. 부디 관심을 가지고 참여하세요!

교양 과목은
공부하지 않아도 될까?

왜, 안 하려는 거야?

✦

　예체능, 정보, 제2외국어 등의 과목들에 대해 '꼭 공부를 해야 하는가?'라는 의문을 갖는 학생들 그리고 학부모님들이 계십니다. 그런데 전 정말 궁금합니다. 굳이 안 좋은 성적을 받으려는 이유는 뭐죠? 이러한 마음가짐은 학창 시절 내내 문제가 될 수 있습니다. '어차피 도움이 안 될 것이다'라는 생각은 점점 그 크기를 확장합니다. 고3쯤 되면 '어차피 난 정시파'라는 생각으로 내신을 완전히 포기해버리는 학생들이 속출합니다. 그리고 9월이 되면 후회하죠. '아, 수시 준비도 할걸⋯.'

우리가 예상하지 못한 순간에 특정 과목의 점수가 상당한 영향력을 발휘할 수 있습니다. 우린 절대 시간이 없어 공부를 '못'하는 것이 아닙니다. 하기 싫어서 '안'하는 경우는 있겠지만 말이죠.

교양 과목에도
최선을 다해야 하는 이유

✦

실제로 모 대학에선 학생부 종합전형에서 "과목 간 점수 편차가 크면 이는 감점 요인이다"라고 분명히 밝힌 바 있습니다. 학교생활의 성실성을 나타내는 척도가 되기 때문입니다. 그리고 다행히, 교양 과목에 대한 학습 부담은 그리 크지 않습니다. 교육과정의 변화로 교양 과목은 물론 기초 교과 역시도 절대평가로 전환되어 가고 있습니다. 큰 부담 없이 높은 성취를 얻을 수 있다는 말입니다. 평소 수업 시간이나 수행평가 활동에 꾸준히 잘 참여하기만 해도 충분합니다. 그런데 문제는, 그걸 하지 않는다는 거죠.

다음 장에서 수시모집에 대해 좀 더 자세히 언급하겠지만, 미리 살짝 이야기하자면 종합전형에서 '세부능력 특기사항'에 기재되는 내용은 교과나 지원 학과에 상관없이 모두 영향력을 발휘합니다. 심지어 본인이 지원하고자 하는 학과에 전혀 어울리지 않아 보이는 과목들의 세부능력 특기사항이 여러분의 '생기부'를 빛내주는 일도 허다합니다.

> 정보: '사자성어 초성 스피드 퀴즈'라는 제목으로 일상에서 자주
> 접하는 사자성어를 주제로 학습 프로그램을 파이썬으로 제작하였
> 으며….

앞의 내용은 '교육학과'에 지원했던 학생의 세부능력 특기사항 내용 중 일부입니다. 앞서 '융합형 인재'에 대해 언급한 바 있습니다. 똑똑한 사람은 자신에게 주어진 환경을 기회로 승화시킬 줄 압니다. 교사가 되고 싶다고 해서 교육 관련 프로그램에만 충실하는 것은 결코 자신의 경쟁력을 살리는 길이 아닙니다. 그런 노력은 누구나 다 하는 것이니까요. 좀 더 여러분만의 특색을 만들어 낼 수 있어야 합니다.

이 사례는 미리 준비를 해왔던 학생의 경우입니다만, 교양 과목 공부는 생각지도 못한 순간에 도움이 되기도 합니다. 원래 지원하고자 했던 대학의 학과 경쟁률이 너무 높아서 망설이고 있을 때 상대적으로 경쟁률이 낮은 대학, 학과 그리고 전형이 눈에 들어올 수 있기 때문이죠. 예를 들어 제2외국어 과목에 대한 학습에 충실했던 학생들이 실제 어문계열 종합전형에서 합격하는 사례가 많이 있습니다. 대입엔 늘 변수가 존재합니다. 변수를 기회로 만들어내는 자, 바로 여러분이 될 수 있습니다.

중요도가 다를 뿐,
중요하지 않은 순간은 없다

✦

이제는 서울 내 주요 대학에 합격하는 학생 중 과목 간 성적 격차가 급격히 크게 보이는 학생은 거의 없습니다. 대부분 전 교과에서 두루두루 성적이 좋은 편이죠. 왜일까요? 수업 시간에 임하는 자세가 다르기 때문입니다. 학교 내신은 기본적으로 수업 시간에 이뤄지는 내용을 기반으로 평가가 이뤄집니다. 여러분의 판단에 중요하지 않은 과목이 있다고 가정합시다. 그렇다면 그 수업 시간엔 뭘 하나요? 체육 시간에 운동장을 달리며 문제집을 푸나요, 아니면 음악 시간에 친구들이 노래를 부를 때 과학 공식을 외우나요? 수업에 충실한 것만으로도 충분히 내신 관리에 도움이 됩니다. 시험 직전에 가볍게 살펴보면 될 정도가 되는 것이죠. 핑계를 만들지 맙시다. 물론 중요도는 다를 수 있겠지만, 여러분 삶에 중요하지 않은 순간은 없습니다.

시험의 목표는 '전 과목 만점'
―내신 관리를 위한 마음가짐

마음가짐을 넘어,
진짜 그래야만 하는 이유

◆

"하나도 안 틀린다는 생각으로 공부해야 해!"

이 말은 제가 실제로 우리 반 친구들에게 해주는 말입니다. 대한민국 남자 축구 대표팀이 월드컵에 진출하면 늘 실시간 검색어에 오르는 단어가 있죠. '경우의 수'. 16강에 진출하기 위해 마지막 경기에서 이기면, 비기면, 지면…. 실은 앞에 두 경기 성적이 좋았으면 경우의 수를 고려할 필요가 없었을 겁니다.

우리도 마찬가지입니다. 경우의 수는 확률에서 사용하는 용어이지 않나요? 우리에겐 확률보다 '확실한' 준비가 필요합니다. 시험 준비를 하는 기간에 교실 안에서 이런 이야기가 오고 갑니다.

〈상황 1〉

A : "야, ○○ 시험 범위 너무 넓지 않냐?"

B : "나 1단원, 3단원은 버리려고."

그리고 참 희한하게도 '버린 단원'에서 문제가 가장 많이 출제되는 경험을 하게 되죠.

〈상황 2〉

A : "야, 내일 시험 세 개나 보는데, 어떻게 할 거냐?

B : "나 1교시 시험은 버리려고."

그리고 애석하게도 그 '버린 과목'의 시험이 쉽게 출제되어서 잠깐이라도 훑어본 친구들은 좋은 성적을 받았다는 말을 듣게 됩니다. 드라마나 소설 속 상황을 가져다 쓴 것이 아닙니다. 학교 현장의 이야기를 그대로 옮겨 적은 겁니다. 심지어 '버린' 과목이 있다면 '버리지 않은' 과목에 대한 학습이라도 잘 되어야 하는데, 꼭 그렇지도 않습니다.

학교 내신이나 수능 시험에선 여러분을 한 줄로 길게 줄을 세웁니다. 교육적으로 분명 옳지 않은 장면입니다만, 그렇다고 우리나라 교육을 비판하며 시위나 하고 있을 순 없습니다. 그 시간에 경쟁자들은 입으로는 '비판'을 표하면서도, 결국 실제론 공부를 하고 있을 테니까요. 누구나 꼴등을 할 수 있지만 그게 여러분일 필요는 없습니다. 누구나 1등을 할 수 있는데 그게 여러분이어도 괜찮습니다. 완벽을 추구하여 전교 1등으로 나아가기 위해 내신 준비에 필요한 부분을 꼼꼼히 확인하십시오.

완벽한 1등을 위해
가장 필요한 것은 시간

✦

시험 기간이 다가오기 전 시험 준비에 대해 가장 많이 하는 질문은 무엇일까요? 바로 '시험 준비 기간 설정'입니다. 며칠 전 혹은 몇 주 전부터 시험공부를 해야 하는지 묻는 것이죠. 중학교와 고등학교 내신 시험은 분명 그 성격이 다르다는 이야기를 앞서 짚어보았습니다. 단순 암기만으로는 해결되지 않을 거라는 말입니다.

그렇다면 우린 내신 대비를 할 때 단계를 설정할 필요가 있습니다. '개념 학습 – 암기 – 문제 풀이'와 같은 틀을 구축해야 합니다. 시험 직전에는 암기와 문제 풀이가 병행되지 않을까요? 그러니 개념 학습은 미리미리 해놨어야 하고요. 결국 내신 대비는 평소에 꾸준히 해야 한다는 결론에 이릅니다. 시험 일정과 범위가 확정되면 그때부턴 본격적인 암기 및 문제 풀이에 전념해야 하니까요. 심지어 시험 일주일 전에도 시험 범위 내 수업 진도를 나가는 선생님도 계시니, 최대한 미리 준비해야 합니다.

이제 앞 질문에 대한 답을 하겠습니다. 시험공부는 개학일, 3월 2일부터 바로 하면 됩니다. 매일이 '시험 기간'이라고 생각하면 된다니까요? 진짠데…. 농담 아닌데….

전교 1등처럼 공부하면
전교 1등이 될 수 없다

✦

저는 학창 시절 전교 1등을 해본 적이 없습니다. 초등학생 땐 해봤어요. 한 학년에 한 반밖에 없는 시골 학교에서 2학년 때 한 번 해봤습니다. 중학교, 고등학교에 진학하며 등수는 점점 뒤로 밀려나게 되었죠. 밀려났다기보단 늘 들쑥날쑥했습니다. 그래서 궁금했죠! 고등학교 전교 1등들은 어떻게 공부하는가! S대에 진학하는 학생이 되려면 어떻게 해야 하는가! 지금은 고등학교 교사로 살아가고 있어서 매년 그들의 모습을 확인할 수 있습니다. 그리고 드디어 그 궁금증을 풀 수 있게 되었죠.

'교과서로만 공부했어요'라는 말은 다 거짓말입니다. 다들 학원에 엄청 열심히 다닙니다. 인터넷 강의도 종류별로 다 듣죠. 그리고 그들은 수업 시간에 잠든 적이 없습니다. 잠들기는커녕 앞에서 수업하는 교사보다 눈빛이 더 살아있습니다. 수업이 끝나면 질문도 하고, 종종 쉬는 시간에 문제집을 들고 교무실에 찾아오기도 합니다. 그뿐인가요? 그냥 공부만 잘하는 게 아닙니다. 동아리 활동도 열심히 하고, 각종 대회나 행사에도 부지런히 참여하여 입상도 곧잘 해냅니다. 이 모든 게 가능한 이유가 '신의 자식'이기 때문일까요? 물론 머리가 비상하게 좋은 친구도 있긴 하지만, 절대 모두가 그런 것은 아닙니다. 전교 1등은 뭐든 스스로 해내며, 자신만의 학습 노하우를 가지고 있고, 무엇보다 시간 관리 능력이 뛰어납니다. 거기에 목표 의식과 의욕도 곁들이고 있습니다.

전교 1등처럼 공부한다고 전교 1등이 될 수는 없습니다. 그냥 '따라 하기'에 불과하니까요. 정말 따라 하고 싶다면 그들의 생활 태도와 자세부터 보고 배우는 편이 좋습니다. 그리고 제가 이 책을 통해 계속해서 강조하고 있는 것, 바로 '자신만의 학습법'을 구축하고, 스스로를 믿으며, 포기하지 말고 끝까지 노력을 이어가야 합니다.

PART 3

대학 입시의
실전

내신이 좋지 않다고 하여 정시에 올인할 것이 아니라,

불리한 내신을 만회하기 위해 능동적으로 움직여야만 합니다.

앞으로 고교학점제 등 다양한 교육정책의 변화로 인해

학교생활에 얼마만큼 충실하였는지의 여부가

여러분의 대입에 가장 큰 영향력을 행사하게 될 것입니다.

정시와 수시의 기본 그리고 비밀

정시는 뭐고, 수시는 뭐야?

✦

혹시나 정시와 수시의 개념에 대해 잘 모르는 친구가 있을까 우려되어 쉽게 설명하고 넘어가겠습니다. 정시는 수시모집 선발 이후 대학수학능력시험, 즉 수능 점수를 기반으로 학생을 선발하는 것입니다. 비교적 단순하면서도 쉬운 방법이죠. 다만, 우리가 흔히 아는 '백 점 만점에 몇 점'과 같은 접근만 이뤄지진 않습니다. 매년 시험의 난이도가 다르기에 '표준점수'라는 개념을 도입했거든요. 같은 100점이라도, 어려운 시험에서 100점을 받으면 표준점수는 상승하게 되고, 반대의 경우는 조금 낮게 형성이 되는 거죠. 실제로 2019학년도 수능 국어 영역에서 만점을 받은 학생의 표준점수는 150점이었습니다. 2020학년도에는 만점자의 표준점수가 140점이었죠. 같은 100점이어도 환산되는 점수는 다를 수 있다는 말입니다. 수능이 전면 절대평가가 되기 전까지는 선택과목에 따른 표준점수 차이가 계속해서 발생할 것입니다. 그래서 전략적인 과목 선택을 하는 친구들도 존재하고요.

수시모집은 다양한 기준과 방법으로 대학교 신입생을 조기 선발하는 방법입니다. 보통 9월에 접수하여 수능 전후까지 계속해서 전형이 실시됩니다. 생활기록부에 기재된 내용을 기반으로 정성평가 및 정량평가가 동시에 이뤄지는 학생부 종합전형, 내신점수만을 가지고 비교하는 학생부 교과전형, 그밖에 논술전형이나 실기전형도 있습니다. 수시모집에서 가장 큰 영향력을 발휘하는 것은 아무래도 내신점수일 수밖에 없습니다. 그래서 본인이 좋은 점수를 취득할 수 있는 교과목을 고민하는 것은 물론, 고등학교 선택에서도 상대적으로 유리한 학교를 고민하는 친구들이 늘어나게 된 것입니다.

정시만 강조하는 학원은
당장 그만두는 것이 맞다

✦

앞서 학원 선택에 대해 언급한 바 있습니다. 정시와 수시에 대해 본격적으로 다루게 되었으니 이 이야기도 꼭 해야겠습니다. 정시만 강조하는 학원은 여러분의 대입 성공보단 '수강생 확보'를 더 중요하게 여기는 곳일지 모릅니다. 불과 몇 년 전에 정시가 확대되어 학원가는 매우 호황이었습니다. 학원 수업만 잘 들으면 정시로 소위, '대박'이 날 수 있다고 생각한 거죠.

결론을 말하면, 정시가 확대되면 재학생들은 불리합니다. 재수생, 삼수생들을 이길 수가 없습니다. 다소 과장된 표현일 수 있으나, 그들과 여러분의 학습 시간 차이는 비교가 불가할 정도입니다. 반대로 수시는 재수생보다 재학생이 유리하겠죠. 내신이 좋지 않은 학생도 수시라는 카드를 버리는 경우는 거의 없습니다. 고민을 거듭하다 보면 불리한 내신임에도 이를 뚫고 나갈 수 있는 틈이 보이기 마련이거든요.

학원 입장에선 수시모집에서 학생이 합격해버리면 금전적으로 분명 적지 않은 피해가 발생할 겁니다. 심지어 우리 반 친구들이 다니는 학원 중에는 아예 수시에 지원하지 못하게 하는 곳도 있더군요. 정말 충격이었습니다. 그런데 더욱 충격은 학원에서 하는 말만 듣고 수시에 지원하지 않겠다고 말하는 친구들이 실제로 있다는 겁니다. 수시모집은 설령 확률적으로 많이 떨어지더라도, 여러분에게 주어지는 '기회'이기 때문에 최대한 활용할 수 있어야 합니다.

수시모집에 지원해야 하는 이유

✦

'수시도 곧 수능이다'라는 말이 있습니다. 수시모집에 지원할 때 정시, 즉 수능 성적이 기준점이 될 수 있기에 나온 말입니다. 평소 모의고사를 치르면서 '모의 지원'을 해볼 수 있습니다. '내가 정시로는 이 정도 학교에 지원할 수 있구나' 하는 척도가 생기는 거죠. 그렇다면 수시는 그보다 정시점수가 높은 대학에 지원하면 됩니다. '내신이 안 좋아서 어차피 떨어질 것 같다'라는 생각이 들더라도, 최대한 확률적으로 합격 가능성이 높은 곳을 찾아 지원해야 합니다. 특히 학생부 종합전형의 경우 단순히 내신점수로만 학생을 판단하지 않는 '정성평가'가 중심이니, 지원해 보지도 않고 '어차피 안 될 거야'라는 생각은 접는 편이 좋습니다. 자기소개서나 면접이 없는 전형 위주로 지원하면 정시 준비에 큰 부담이 되지 않을 겁니다.

실기전형을 준비하는 친구들의 경우 수시모집을 기피하는 경향이 좀 더 강한데, 그런 경우엔 더더욱 수시모집에 지원해야 합니다. 대학교 실기 고사 현장에선 매우 담대한 성격을 지닌 친구들도 긴장을 할 수밖에 없습니다. 그래서 실기 고사에 대한 '연습'이 필요합니다. 수시모집 여섯 번의 기회를 바탕으로 '경험'을 쌓을 필요가 있습니다.

내신 1등급만 '인서울'을 할 수 있을까?

교과전형은 내신 성적만으로 학생을 평가하는 방법입니다. 그래서 합격 가능성을 판단하기가 매우 쉽고, 관련 입시자료도 엄청나게 많습니다. 대부분 서울 주요 대학들의 합격선은 2등급 안쪽에서 형성이 되죠. 1등급 대가 아니면 교과전형으로 합격하기가 어렵습니다. 그런데 말입니다. 전형이 교과전형만 있는 것은 아니잖아요?

비평준 지역의 고등학생들은 내신을 따내기가 쉽지 않습니다. 소위 '한가락 하는' 친구들이 모인 학교에 있다 보면, 경쟁이 치열하기 때문이죠. 3학년 1학기까지의 내신을 산출했을 때 1등급 대가 형성되는 학생들은 손에 꼽을 정도입니다. 그럼에도, 심지어 학교에 대한 정보를 모두 가리는 '고교정보 블라인드 제도'가 시행된 이후에도 그들은 입시 결과가 나쁘지 않았습니다. 왜? 교과전형만 있는 것이 아니니까요!

서울대 수시모집은 학생부 종합전형으로 이뤄집니다(실기전형은 제외). 서울대에 합격하는 학생들의 내신은 어느 정도 될 것 같나요? 전부 1등급? 내신 1.0? 그렇지 않습니다. 2등급이 넘어가도 생활기록부 내용이 풍부하다면 충분히 합격할 수 있습니다. 서울대만이 아닙니다. 2등급, 3등급 학생들도 서울 주요 대학에 합격하는 사례는 넘쳐납니다. 특목고가 아닌 일반고에서 말이죠! 심지어 갈수록 절대평가로 내신을 산출하는 과목이 늘어나기 때문에 대학에선 그 내신에 대해 절대적인 믿음을 갖지 않을 수 있습니다. 그러니, 끝까지 포기하지 않아야 합니다.

내신이 좋지 않다고 하여 정시에 올인할 것이 아니라, 불리한 내신을 만회하기 위해 능동적으로 움직여야만 합니다. 앞서 언급하였듯 정시는 단 하루의 시험으로 결정되기 때문에 그 변수가 너무 많고, 무엇보다 준비하는 시간 투자에 있어 재수생들과의 경쟁에서 밀릴 수밖에 없습니다. 앞으로 고교학점제 등 다양한 교육정책의 변화로 인해 학교생활에 얼마만큼 충실하였는지의 여부가 여러분의 대입에 가장 큰 영향력을 행사하게 될 것입니다.

진로 희망 설정 방법

꿈은 반드시 하나의 '문장'일 것

✦

"넌 꿈이 뭐니?"

제가 학생들에게 꽤 자주 하는 질문입니다. 여러분에게 드리는 질문이라고 생각하고 답해보세요. 정말 수십, 수백 아니 수천 명에게 물어도 그들의 답이 가진 공통점을 찾아낼 수 있습니다. 뭐냐고요? 그 답이 모두 명사라는 점! 의사, 판사, 교사…. 꿈을 이야기할 때 왜 자꾸 명사로만 답하는지 저로서는 정말 이해가 되지 않습니다. 결론부터 말하자면, 꿈은 반드시 하나의 '문장'이어야 합니다.

"의사가 되어 국경없는의사회 활동을 통해 빈곤 국가 아이들의 삶을 새롭게 바꿔줄 것입니다"와 같은 문장 말이죠. 이 문장이 너무 보여주기식이라고요? 그렇다면, 이건 어떤가요? "연봉 1억이 넘는 대학병원의 유명 의사가 되어 꾸준히 활동하고, 10년 안에 강남에 개인 병원을 개업하는 것이 저의 꿈입니다"라는 문장은 조금 와닿을지 모르겠네요. 물질적인 목표이든 심리적 성취를 위한 목표이든 간에, 꿈을 이야기할 땐 반드시 구체적일 필요가 있습니다. 이러한 구체적인 진로 희망은 여러분의 학교생활을, 더 나아가 20대의 삶도 바꿀 수 있습니다.

제 이야기를 잠시 해보겠습니다. 제 꿈은 '국어 선생님'이었습니다. 정말 막연히 학교에서 수업하는 그 모습만을 생각하며 재수 생활, 대학 생활, 그리고 백수 생활까지 견뎠습니다. 물론 군 복무 2년까지 포함해서 말이죠. 그리고 마침내 교사가 되었을 때, 꿈이 사라졌습니다. 물론 즐거웠습니다. 꿈을 이뤘으니, 말로 표현하기 힘들 정도로 행복했죠. 저 역시 그렇게 기쁜 마음으로 몇 년을 보냈습니다. 교사라는 직업에 적응하는 기간이긴 했지만, 어쨌든 시간이 흐르자 '매너리즘'에 빠져버리고 말았습니다. 무엇을 위해 교사 생활을 이어나가고 있는 것인지 스스로 질문을 던져야만 했죠. 이 마음속 구렁텅이에서 빠져나오기 위해 계속 새로운 꿈을 꾸어야겠단 생각을 했고, 고민을 거듭하다 보니 제가 가질 수 있는 꿈은 결코 한 가지가 아님을 깨달았습니다. 대입 상담에 대한 능력을 키우기 위해 꾸준히 노력하는 것은 물론 다재다능함을 키우고 싶어

연극동아리 지도교사로서의 공부를 시작했습니다. 문학에 대한 열정을 키우기 위해 직접 글을 쓰기도 했고, 각종 공모전에 작품을 출품하기도 했죠. 그렇게 구체적인 목표들이 늘어나며 저의 삶도 달라졌고, 무엇보다 '의욕'이 있는 하루하루를 살게 되었습니다.

꿈을 문장으로 설정했을 때의 장점은 단순히 '마음가짐'의 측면에만 머물지 않습니다. 여러분의 고등학교 생활이 더욱 알차게 영글 수 있고, 이는 대입에도 분명 긍정적인 영향을 끼치게 됩니다.

졸업한 학생 중에 이런 문장을 꿈으로 가지고 있던 친구가 있습니다. "문화예술 콘텐츠 크리에이터가 되어 우리 문화를 세계에 알리겠다." 이 친구는 영상 관련 동아리 및 행사에 적극적으로 참여했습니다. 더불어 교내 풍물부 및 댄스 동아리에서도 꾸준히 활동을 이어나갔죠. 평소 세계 각국의 문화에 대한 독서를 이어나갔고, 물론 성적도 상위권을 유지했습니다. 결과적으로 목표하는 대학에 합격할 수 있었고, 이는 고등학교 생활 3년을 알차게 보낸 그 친구의 노력 덕분이었습니다.

여러분의 꿈은 무엇입니까? 대학 면접 현장에서의 질문이라고 상상해봅시다. 그 답이 '의사'였다면, 그 뒤에 나올 '의사가 되어 뭘 하려고?'에 대한 답도 준비해 보면 어떨까요.

그런데 왜,
다들 꿈이 비슷한 거지?

✦

그런데 참 이상합니다. 다들 꿈이 비슷합니다. 특히 자연 계열 친구들의 진로 희망을 살펴보면 '생명공학자', '화학자', '천문학자'와 같은 굉장히 보편적인 내용만 담겨 있습니다. 우리나라에 직업이 그렇게 없나요? 커리어넷만 살펴봐도 직업의 종류는 무궁무진한데 말이죠. 그리고 여러분이 펼쳐나갈 미래 사회엔 분명 '새로운 직업'들이 생겨날 것이라는 점!

진로에 대해 고민할 때 기존에 존재하는 직업들만 생각할 필요는 없습니다. 범위 자체가 존재하지 않는다는 말입니다. 4차를 넘어, 5차 산업혁명을 살아갈 미래 인류에게 필요한 직업은 현재의 판단만으로 가능하지 않을 수 있습니다. 그리고 그 미래를 이끌어갈 인재가 바로 여러분이며, 그런 인재를 키워내고자 하는 곳이 대학입니다.

꿈을 크게 가지라는 말을 들어봤을 겁니다. 돈 많이 벌 직업을 찾아내란 의미가 아닙니다. 포부를 크게 가지라는 거죠. 꿈을 어떻게 설정하냐고요? 상상해 보세요. 어떤 미래가 펼쳐질 것 같나요? 제가 예측하는 미래 직업 중 하나는 '미디어 재활 전문 상담 교사'입니다. 이미 '재활중독 상담'이라는 분야가 있는데, 이러한 중독 관련 상담이 교육에 접목되어 사범대 안에 재활중독 상담학과가 전문적으로 편성되지 않을까 하는 예측입니다. 어디까지나 예측에 불과합니다. 그러나 분명 미래 사회에 필요하고, 또한 분명 부각되어야만 하는 학문인 것도 맞습니다. 여러분의 진로 희망이 이미 정해진 답 가운데 선택될 필요는 없습니다. 미래 사회를 예측하는 데 있어 정답이라는 것은 없으니까요. 여러분이 곧 정답입니다.

진로 희망 대입 미반영? 우리에겐 '세특'이 있다!

✦

대입제도 공정성 강화 방안으로 인해 생활기록부에 기재되는 내용에 변화가 생겼습니다. 그 가운데 진로 희망과 관련한 내용은 '진로 희망 분야 대입 미반영'이라고 제시되었죠. 입력은 하지만 대학에 그 자료를 제공하지는 않는다는 말입니다. '어라? 그럼 진로 설정 따로 안 해도 되겠네?' 이런 생각을 할 수도 있을 겁니다. 그런데 말입니다. 그 자료를 잘 살펴보면 변함없이 유지되는 항목들도 있습니다. 대표적으로 '세부능력 특기사항'이 있죠.

흔히 '세특'이라 부르는 이 항목은 교과별로 담당 선생님들이 학생들의 교과 활동에 대해 상세히 기록하는 부분인데, 다른 항목들이 글자 수가 줄어들거나 사라지는 와중에도 변함없이 유지되고 있습니다. 이게 의미하는 게 뭐다? 수업에 충실해야 한다는 거다!

더불어 교과별로 진로 탐색에 용이한 활동들을 많이 하고 있고, 그 내용을 고스란히 선생님들이 입력해 주시기에 세특에 여러분의 진로 희망이 잘 녹아들 수 있습니다. 이는 진로 희망뿐만 아니라 독서, 대회 수상실적 등의 요소들도 모조리 가능합니다. 그래서 여러분이 체감하는 변화는 그리 크지 않을 수도 있다는 생각이 듭니다. 선생님들은 나름대로 기록이 용이할 수 있는 방법을 지속적으로 고민하실 테니까요.

"의사가 되어 빈곤국가에서의 봉사활동을 계획하고 있음을 구체적으로 밝히며 외국어 학습 프로그램 개발을 위한…" 또는 "미래 교육 전문가가 되기 위해 필요한 요소로 토론, 역사 그리고 체육의 중요성을 강조함. 이에 체육활동을 통해 얻을 수 있는…"과 같은 사례들이 생겨날, 아니 벌써 선생님들은 준비가 되어 있습니다! 여러분이 준비가 되었다면, 선생님들이 그 길을 열어주는 건 일도 아니라고요!

진로 설정에 실패했다면

✦

괜찮습니다. 물론 진로가 미리 설정되어 있으면 고등학교 3년을 더욱 알차게 보낼 수 있지만, 그렇다고 절대로 성급하게 찾아선 안 됩니다. 불리한 측면을 만회하기 위해 노력하면 되는 것이죠. 신중

하고 꼼꼼한 것이 나쁜 것은 아닙니다. 다만, 지속적인 독서와 사회활동을 통해 꿈을 향해 한 발씩 내딛어야 합니다.

진로 희망을 설정하지 못했다면, 1학년 때는 최대한 다양한 활동을 경험하기 위해 애써야 합니다. 특히 학생들이 주도하는 자율동아리, 봉사활동 등에 참여하는 것은 정말 색다른 경험이 될 것입니다. 이미 여러분의 선배들은 사회 참여나 전문 실험 등 대학생 못지않은 활동들을 이어나가고 있습니다. 학교 인근 대학과 연계된 활동이나 지역 내 공공기관에서 주최하는 다양한 프로그램도 존재합니다. 심지어 이 모든 것들은 생활기록부에 기재되고 있습니다. 학교장의 승인을 받은 교외 활동은 교내 활동으로 인정되어 그 활동 내용의 기록이 가능하거든요. 이러한 경험이 쌓이는 것은 단순히 진로를 찾는 일을 넘어, 융합형 인재로 나아가는 출발점이 될 수도 있습니다. 또한 대학 학과 선택의 폭이 넓어지는 긍정적인 영향력을 행사할 수 있게 되죠. 두드러지게 활동한 분야를 조합하여 새로운 진로를 만들어낼 수 있거든요.

〈여러 분야를 조합하는 방법〉

사례 1.
교내 통일 관련 프로그램에 지속적인 참여 + 중국어 성적이 두드러짐 + 학생회 활동
☞ 북한 새터민 인권 운동가

사례 2.
생명과학 탐구 성적과 세부능력 특기사항이 두드러짐 + 꾸준한 천문 동아리 활동
☞ 우주 생물학자

그래도 이렇게 된 바에 학년이 올라가면서 구체적인 진로 설정은 어렵더라도, 큰 범위의 분야 정도는 정해놓는 것이 좋습니다. 어문계열, 사회계열, 이공계, 의대 등 정도로 말이죠. 그 범위를 좁히기도 어렵다면 하던 대로 꾸준히 폭넓은 분야의 활동을 이어나가면 되고요. 절대 부담 갖지 않아도 됩니다. 억지로 만들어내거나 누군가 정해주는 꿈은 그 힘이 미약할 게 뻔합니다. 다만, 늘 깨어있겠다는 마음으로 '준비'하는 자세여야 한다는 사실만은 반드시 기억하세요!

고교학점제의 진실①
− 내신과 수능의 영향력 약화

'대학 서열화'는
절대 건드리지 않으면서!

◆

　앞으로 5년에서 10년 동안은 대입과 관련한 혼란이 지속될 것입니다. 일선 현장에서 일하는 고등학교 교사들은 머리를 쥐어짜고 새로운 교육정책에 적응하기 위해 노력해야겠죠. 정부에서 추진하는 정책의 여러 쟁점이 있을 텐데, 그중 제가 개인적으로 '멋지다'라고 생각하는 부분은 '서열화를 없애려는 노력'입니다. 수능이나 내신에서 절대평가를 도입함으로써 과도한 경쟁을 최소화하겠다는 것이죠. 그런데 정부에서 놓친 것이 있습니다. 우린 결국 경쟁을 해야만 한다는 점! 대학의 순위는 여전히 정해져 있으니까!

수도권이 아닌 지방 소도시에 거주하는 학생에게 '너희 동네에 있는 대학이나 서울에 있는 대학이나 다 비슷해'라고 하더라도 그 친구는 서울 소재 대학에 가기를 원할 겁니다. 심지어 '비슷하더라도' 그런 선택을 할 것인데 현재 대학들은 순위까지 정해져 있죠. 갈수록 '서울 쏠림 현상'은 심화되고 있으며, 지방대학들의 미달 소식도 끊임없이 이어지고 있죠. 그렇다고 원하는 학생 모두를 받아들일 수 없기에 어쩔 수 없이 '경쟁'이 필요한 것인데, 그 합리적 경쟁을 없애려고만 하고 대안을 제시하지 못하고 있죠. 그래서 우린 고교학점제라는 혼란 속에 놓인 것입니다. 물론 고교학점제가 가진 여러 장점이 존재하지만, 근본적인 문제는 건드리지 않고 있다는 인상을 지울 수 없어 안타깝습니다. 그럼에도, 어쩔 수 없는 일입니다. 어쨌든 우린 살아남아야 하니까요. 그리고 이제 그 생존 방법에 대해 여러분과 함께 끊임없이 고민하고자 합니다.

정말 고1 내신이
모든 것을 좌우할까?

◆

수시와 정시에 대한 구체적인 이야기는 앞으로 살펴보겠지만, 수시모집에서 중요하게 여기는 여러 가지 기준점 중 하나는 학습의 '과정'과 학생의 '성장'입니다. 대학에선 '발전 가능성'이라는 키워드를 제시하죠. 더욱이 고교학점제는 '줄세우기식' 교육에서 탈피하여 교육과정의 다양화를 추구하는 제도여서, 단순히 고등학교 1학년 내신만으로 대학 입시가 좌우될 수 없습니다. 고교학점제 시행 이후의 대입제도가 명확히 밝혀지지 않았지만, 우린 충분히 예상해 볼 수 있습니다. 대학이 내신만으로 우릴 평가하지 못할 것이라는 점!

여기서 또 생각해 볼 문제는 '수능'일 겁니다. '아, 그럼 수능이 대입에 큰 영향력을 발휘하려나?' 하는 생각이 들 수 있겠지만, 수능 역시도 '전면 절대평가화'될 움직임을 보이고 있습니다. 그렇다면, 도대체 무엇으로 학생들을 평가하려는 것인가! 도무지 이해가 되지 않아 보입니다. 내신으로도, 수능으로도 서열화가 되지 않는다면?

자, 여기서부터 '예측'이 필요합니다. 대학에선 고등학교 내신에 대해 불신할 것입니다. 또한 수능이 절대평가화되어 '자격시험' 정도로 여겨진다면, 결국 현재 존재하지 않는 새로운 평가방식이 도입되거나 여러 가지 평가방식들이 혼합되지 않을까요?

'정시+수시'라는
새로운 입시 제도의 탄생?

✦

서울대학교에서 2023학년도 전형계획을 발표했습니다. 거기엔 '교과 평가'라는 새로운 개념이 제시되었죠. 정시 선발에서도 마치 학생부 종합전형처럼 정성평가, 즉 학교생활을 얼마나 열심히 했는지를 보겠다는 것입니다. 아마 사교육 입시 전문가들은 '그래도 수능 영향력은 변하지 않는다'라거나 '서울대 말고 다른 대학에는 별 영향이 없다'라는 말을 할 겁니다. 물론 어느 정도 맞는 말이긴 하지만 대입에서 중요하지 않은 측면은 없습니다.

수능의 영향력은 여전히 중요하겠지만, 어쨌든 적지 않은 변화가 생겼다는 사실이 중요합니다. 정시에서도 학교생활에 충실한 학생을 좀 더 선호한다는 메시지를 던진 거라고 생각할 수 있지 않을까요? 지금까지는 '정시파', '수시파', '학종파' 등이 나뉘어 있었지만 이젠 그야말로 공부도 잘하고, 태도도 좋고, 부지런한 '핵인싸' 학생들이 목표 대학에 합격할 수 있는 세상이 올 거라는 예측, 충분히 고려해 볼 만하다고 여깁니다.

절대, '요행'을 바라서는 안 된다

✦

지금까지의 대입 전형들은 전형마다 성격이 달라서 과감히 특정 전형을 포기할 수 있었습니다. 학교 공부를 포기해버리고, 수행평가를 신경 쓰지 않고, 그야말로 '출석 일수만 채우는' 학생들이 종종 있었죠. 학교에서 이뤄지는 교육 활동을 무가치한 것으로 치부하는 학생들이 많지 않나요? 학교 현장에 대한 막연한 불신을 가지고 있달까요. 앞으로는 그런 학생들을 최소화하고 학교 교육을 정상화하기 위한 노력이 이어질 것입니다. '아 귀찮게 왜 이러는 거야?'라고 생각하는 친구도 있을 수 있겠네요. 그렇지만, 사실 그게 맞습니다.

고등학교는 교과서에 담긴 지식만 전달하는 곳이 아닙니다. 대학을 가기 위해 존재하는 수단으로만 기능하는 곳도 아니고요. 여러분이 얻을 수 있는 가치들을 마음껏 뽑아낼 기회의 장이며, 이제 대학도 그걸 알고 있습니다. 요행을 바라며 유리한 측면만을 고민하지 말고, 정석대로 밀고 나갈 때입니다. 그것이 대입에 가장 '유리한' 방법이 될 것입니다.

고교학점제의 진실②
– 어떤 과목을 선택해야 하는가?

진로가 명확하다면 걱정하지 말 것

✦

고교학점제로 인해 학부모님들과 학생들이 가장 크게 걱정하는 부분이 '과목 선택'입니다. '도대체 나는 어떤 과목을 선택해서 이수해야 할 것인가'에 대해 고민하게 되겠죠. 당연합니다. 그리고 그 당연함은 당연히 교육 기관에서도 알고 있는 부분입니다! 고교학점제가 시행된 이후 과목 선택이 원활히 이뤄질 수 있도록 온갖 가이드북이 쏟아지게 될 테고, 교사들을 위한 연수가 끊임없이 이어질 것이며, 아마도 특정 학과를 입력하기만 하면 필요한 이수 과목들이 쫙 펼쳐지는 프로그램도 개발될 것입니다.

그러나 진로가 명확하다면 굳이 일찍부터 겁먹고 걱정할 필요가 없습니다. 선택과목이 늘어나든 말든, 중요한 것은 이수하는 학생의 역량입니다. 고등학교 입학 전 여러분이 해야 할 일은, 쉽게 말하면 '열심히 공부하는 것'이면 충분하단 말입니다. 물론 과목마다 특성이 전부 다르므로 선행학습을 하고자 하는 친구들도 있을 겁니다. 선택과목에 대한 선행보다는 모든 수험생이 공통적으로 학습하는 기초 교과 공부를 하면 됩니다. '걱정해서 걱정이 사라지면 걱정할 필요가 없겠다'는 티베트 속담 아시죠? 걱정하지 마세요. 그 시간에 공부하세요.

과목 선택을
경쟁력으로 승화시킬 것

✦

앞서 이야기한 것처럼 추후 과목 선택에 대한 가이드북이 쏟아져 나오겠지만, 이미 존재하는 자료들도 상당히 많습니다. '나는 ○○학과를 꿈꾸고 있으니까 ○○과목을 선택할 거야'라는 식으로 제시되어 있죠. 그런데 분명 과목 선택에 있어서 내가 희망하는 학과 혹은 진로와 관련성이 다소 떨어지는 과목군도 있을 겁니다. 예를 들어 '화학자를 꿈꾸며 화학과 진학을 희망하는 학생'은 '생활. 교양 영역'에서 어떤 과목을 골라야 할까요?

* 고교학점제 홈페이지에서 선택 교과 가이드북을 확인할 수 있습니다.

교과(군)		공통과목	선택과목	
			일반 선택	진로 선택
생활.교양	기술.가정		기술.가정, 정보	
	제2외국어		독일어Ⅰ, 일본어Ⅰ, 프랑스어Ⅰ, 러시아어Ⅰ, 스페인어Ⅰ, 아랍어Ⅰ, 중국어Ⅰ, 베트남어Ⅰ	독일어Ⅱ, 일본어Ⅱ, 프랑스어Ⅱ, 러시아어Ⅱ, 스페인어Ⅱ, 아랍어Ⅱ, 중국어Ⅱ, 베트남어Ⅱ
	한문		한문Ⅰ	한문Ⅱ
	교양		철학, 논리학, 심리학, 교육학, 종교학, 진로와 직업, 보건, 환경, 실용 경제, 논술	

　　화학자를 꿈꾸는 친구가 기본적으로 가지고 있는 키워드는 '화학'입니다. 여기에 '프랑스어'를 결합해 보면 어떨까요?

　　프랑스의 조향 산업은 세계를 선도하고 있습니다. 국내 대학에서 화학적 기초지식을 습득한 후 프랑스의 ISIPCA에 입학하는 것이 목표입니다. 그래서 제겐 프랑스어 습득이 필요하며….

　　이러한 연결은 여러분이 가지고 있는 얕은 목표 의식을 좀 더 구체화해주면서, 동시에 여러분의 진로에 '경쟁력'을 부여하게 될 것입니다. 이왕 선택의 기회가 생겼으니, 신중하고 꼼꼼한 접근을 해 보면 어떨까 제안합니다.

진로가 명확하지 않더라도
걱정은 금물

✦

물론, 아무 생각 없이 살아도 된다는 말은 아닙니다. 조급하게 자신이 진학하고자 하는 특정 학과를 제비뽑기하듯 선택할 필요는 없다는 의미이죠. 진로가 명확하지 않더라도, 걱정할 필요는 없습니다.

이는 사실 정책으로 인해 학생들이 피해를 받는 사례가 될 가능성이 높습니다. 진로, 즉 미래에 대한 목표와 꿈은 대학에 가서 정해질 수도 있고, 그 이후에 정해지기도 하죠. 그걸 반드시 미리 정해놓을 필요는 없습니다. 그럼에도 진로가 명확하게 정해져 있지 않거나 추후에 바뀌게 되면 그만큼 학업 역량이 뒤처지게 되니 참 골치 아픈 문제입니다. 혹시 여러분이 강제로 '진로를 미리 선택해야만 한다'라는 압박에 시달리게 될까 염려됩니다. 어찌 되었든 간에, 우린 주어진 제도를 자신에게 유리하도록 최대한 잘 활용해야만 합니다.

진로 탐색에 용이한 '학과'를 찾아보는 겁니다. 무슨 말이냐고요? 대학마다 개설된 학과가 다르긴 하지만 특정 학과로만 학생을 모집하지 않는 경우도 있습니다. '계열 모집'이라 하여 인문계열 모집, 공학계열 모집 등을 운영하는 것이 그 실례입니다. 더불어 '자율전공학부'를 운영하는 대학들도 많습니다. 전공 선택의 유연

성을 확보함은 물론 융합형 인재를 키워내기 위한 학과라고 할 수 있죠. 뿐만 아니라, 특정 학과에 입학하더라도 교양 과목이나 타전공 과목을 이수하는 제도도 마련되어 있습니다. 나의 꿈에 맞지 않는 학과에 입학하였더라도, 방향을 돌릴 수 있다는 것이죠. 쉽지 않지만 정 안 되면 '편입'이나 '전과'라는 제도도 있고요.

아이러니하게도 고교학점제로 인해 진로를 찾아가는 다양한 길이 막히는 것은 아닐지 우려되지만, 그래도 길은 늘 존재합니다. 고등학교 교육과정 안에서 과목을 선택하는 것에 너무 큰 부담을 갖지 말고, 진로가 명확하지 않다면 가장 쉽고 재밌게 공부할 수 있는 과목을 찾는 것부터 시작해 보세요.

다섯 번째 이야기

고교학점제의 진실③
– 학종은 곧 지적호기심이다

학생부 종합전형을
준비해야 하는 이유

✦

고교학점제의 문제점으로 지적되는 여러 가지 사안들을 살펴보면, 이를 준비하는 학교나 교사들의 어려움이 주를 이루는 것이 사실입니다. 그렇지만 분명 학생들에게도 어려움이 존재합니다. '대학을 어떻게 가는가'가 가장 큰 화두이죠. 우리가 주목해야 할 부분은 '학종'입니다. 절대평가화되어 버릴 내신과 수능에 대해 대학은 변별력을 느끼지 못하게 되겠지만, 그럼에도 우수한 학생을 선발하기 위한 평가를 하지 않을까요? 결국 우리를 판가름할 수 있는 가장 합리적인 전형은 '학생부 종합전형'이 될 가능성이 높습니다. 유일하게 종합전형만 남게 되진 않겠지만, 큰 영향력을 발휘할 것은 분명합니다. 앞서 소개한 것처럼 서울대학교의 2023학년도 입학전형 예고사항에서 '교과 평가'라는 개념이 포함되었습니다. 정시에서도 종합전형의 요소를 함께 평가한다고 하니, 이제 그 영향력을 간과할 수 없게 된 것이죠. 어쩌면 내신 점수만 가지고 학생을 선발했던 '학생부 교과전형'에도 종합전형의 요소들이 조금은 포함될지 모릅니다.

학생부 종합전형, 어떻게 준비해야 할까?(수행평가)

✦

생활기록부에 기재되는 항목들은 점점 줄어들고 있습니다. 수상 경력, 독서활동상황은 앞으로 사라지게 됩니다. 세부능력 특기사항이나 동아리 활동, 자율 및 진로 활동 정도가 남게 되는 거죠. 중학교에서도 생활기록부를 기록하기 때문에 어느 정도의 틀은 알고 있으리라 봅니다.

세부능력 특기사항에 기록될 내용은 교과 선생님들의 역량과 크게 연관되어 있어서 무엇보다 수업에 성실하게 참여하는 것이 중요합니다. 그렇지만 그러한 가운데 분명 초점을 맞추고 있어야 하는 부분도 있죠. 이는 단순히 '특정 학과'에 머물지 않습니다. 우린 '지적호기심'을 충족하기 위한 활동에 적극적으로 임해야 합니다.

> 경제: 수요와 공급의 원리를 다루는 수업에 적극 참여하였으며, 이에 대한 깊이 있는 이해를 위해 노력함.

> 경제: 수요와 공급의 원리에 대해 이해한 후 노동 시장에서 최저 임금제를 실시할 경우 실제로 고용이 감소하면 가계에 악영향을 끼치지 않을까 하는 의문을 가짐. 이를 해결하기 위해 '경제신문 작성하기 활동(2021.05.03.-2021.05.14.)'에서 '현 정부의 경제 정책이 갖는 효과'라는 주제로 직접 기사문을 작성하였음. 기사문 작성을 위해 직접 학교 근처 편의점, 식당 등을 찾아….

같은 과목의 세부능력 특기사항이지만 지적호기심을 나타냈다는 점, 지적호기심을 충족하기 위한 구체적인 활동이 녹아있다는 점에서 둘은 차이를 보입니다.

학생부 종합전형을 준비하면서, 아니 어쩌면 고교 생활에 있어 지적호기심을 갖고 임하는 것은 당연한 일입니다. 더불어 이를 충족하기 위한 '살아있는 학습'이 필요하죠. 그 살아있는 학습은 '수행평가'에서 실현될 가능성이 높습니다. 선생님께서 제시해준 활동들에 참여할 때 그냥 인터넷을 검색하여 정보를 얻어내는 것은 진정한 학습이라 할 수 없습니다. 전문가에게 조언을 구하거나, 특정 이슈에 대한 설문조사를 한다거나, 공신력 있는 기관의 배포자료를 모아 분석해 보는 등 여러분의 노력이 녹아들 때 좀 더 가치 있는 학습, 생기부 기록이 될 수 있을 겁니다.

다만, 생활기록부에 입력되는 내용은 담당 교과 선생님이 직접 입력하기에 여러분이 내용을 만들어낼 수는 없다는 사실을 알고 있을 겁니다. 그러니 성실하게 수업에 참여하면서 주어진 과제에 최선을 다하는 것이 여러분이 할 수 있는 가장 효과적인 방법일 거라고 생각합니다.

수행평가 꿀팁 노하우

① 포털사이트 검색 대신 공신력 있는 기관의 정보를 찾을 것

우리나라 사람이 구글 검색창에 가장 많이 검색하는 단어가 무엇일까요? 물론 이는 유머를 가미한 허구일 가능성이 높긴 하지만, 굉장히 공감되는 결과였습니다. 다름 아닌 '네이버'. 흔히 '지식인'이라 부르는 그곳에서 우린 많은 정보를 얻어내곤 합니다. 그런데 우리가 수행평가 과제물을 제작할 때 그 출처를 '네이버 지식인'이라고 기록해선 안 됩니다. 과제물의 신뢰도가 떨어지기 때문이죠.

어떤 분야든 기준이 되는 공공기관이 있고, 그 기관들은 모두 홈페이지를 운영합니다. '교칙 개정'에 대하여 건의문을 쓴다고 가정해봅시다. 여러분이 검색할 곳은 어디일까요? 법무부, 교육부, 기타 각 학교의 홈페이지 등이 되겠죠. 전문성과 공신력을 두루 갖춘 자료를 마련하려고 노력해야 합니다.

② 전문가와의 면담을 추진할 것

특정 주제에 대한 견해를 얻을 때 유용한 방법입니다. 각 분야의 '권위자'라 불리는 이들이 있지 않나요? 그들에게 도움을 요청하는 것이죠! 물론 연락처를 찾기가 쉽지는 않습니다. 다만 요즘엔 SNS를 통해 소통하는 유명인들이 많이 있습니다. 책을 낸 전문가라면 출판사 등을 통해 '한 다리 건너' 소통하는 방법도 있습니다. 전화번호는 어렵겠지만 적어도 이메일 주소 정도는 얻을 수 있을 겁니다(저, '라쌤'과 소통하고 싶다면 DM을 보내세요!).

③ 설문지를 활용할 것

여러분의 주관적인 생각은 말 그대로 '여러분만의 생각'으로 치부될 가능성이 있습니다. 객관적인 견해를 제시하기 위해선 '다수의 의견'이 되어야 하죠. 그 다수의 의견을 확인하는 좋은 방법이 바로 설문지입니다. 구글 폼을 이용하면 따로 출력할 필요도 없고, 주소만 공유하면 쉽게 참여자를 확보할 수 있습니다. 더불어 자료를 수합하여 통계를 내기도 어렵지 않게 해낼 수 있죠.

④ 독서를 활용할 것

독서 활동은 그 어떤 활동보다 '다양하게 뻗어가기에' 용이합니다. 독서 후 활동이 있기 때문이죠! 독서 후에 독서토론, 저자 인터뷰, 학술답사 등 다양한 추가 활동이 매우 쉽게 이뤄질 수 있기에 어떤 과목이든 독서 활동을 함께 녹여내면 매우 가치 있는 기록을 남길 수 있게 될 것입니다.

고교학점제의 진실④
– 어떤 고등학교에 입학해야 하는가?

들러리가 없는 학교를 가야 한다

✦

요즘은 많이 사라졌지만, 겨울에 고등학교 홈페이지에 들어가면 "○○대학교 ○명 합격"과 같은 알림창을 볼 수 있었습니다. 심지어 현수막을 학교 정문에 걸기도 했죠. 그런데 우리나라에 서울대만 있는 것은 아닙니다. 전체 학생들의 합격 상황을 아는 것이 고등학교 판단의 기준이 되어야 합니다.

서울대는 물론 주요 12개 대학에 고루 합격생을 배출한 경기도의 한 고등학교에서는 합격생 대부분을 '학생부 종합전형'으로 배출했습니다. 학교 자체적으로 좋은 교육과정 및 프로그램을 운영하고 있었기에 가능한 일이었죠. 더불어 학생들의 내신 점수가 매우 좋았습니다. 전교생의 3분의 1이 1등급에서 3등급 안에 형성되었던 거죠. 그런데 이상하게도 이 학교의 4년제 대학 진학률은 40퍼센트 대였습니다.

나머지는 어떻게 된 거죠? 전문대에 진학하거나 대학 입학 대신 재수 생활을 선택한 것입니다. 가혹하게 말하자면, 그들은 들러리로 전락해버린 3년을 보내야만 했을 수도 있습니다. 들러리가 없는 학교를 단순히 '서울대에 몇 명 보냈나'로 판단해서는 안 됩니다. 심지어 주요 대학 합격 현황에는 재학생 실적만이 아닌, 졸업한 재수생의 실적까지 포함시키는 경우가 많으므로 우린 더 면밀하고 정확한 판단을 위해 '4년제 대학 진학률'을 확인해야 합니다.

4년제 대학 진학률이 중요한 이유

✦

대학 입시에서 특정 전형에 강세를 보이는 유명 고등학교들이 있습니다. 마치 "우린 어차피 학종, 교과 이런 거 신경 안 써!"라고 말하는 것처럼 수시의 비중이 아무리 확대되어도 늘 정시로 좋은 성적을 거두는 학교도 있고, 다른 학교엔 없는 특별한 프로그램들이 많음을 홍보하는, 학생부 종합전형에 특화된 학교들도 있죠. 그렇지만 고교학점제 도입과 동시에 이러한 '전략적인 접근'은 조금 어려울 수도 있습니다. 서울대에서 발표한 것처럼 한 가지 전형임에도 복합적인 평가가 이뤄질 수 있고, 더불어 수능이 자격고사화될 가능성이 크기 때문입니다.

그래서 고등학교를 선택할 때의 기준은 '다양한 전형을 고루 준비할 수 있는 학교'여야 할 것입니다. 내신, 생기부, 수능, 흔히 대학별 고사라 말하는 면접이나 논술 등에도 충분히 준비할 수 있는 학교! 그런데 그런 학교를 어떻게 찾죠? 못 찾습니다. 요즘엔 고등학교에서도 대학처럼 홍보 브로슈어를 제작하는 경우가 많은데, 브로슈어를 살펴보면 '이것만 잘해도 대학 가겠다'라는 생각이 들 정도로 그럴싸한 프로그램이 많습니다. 그런데 겉으로 볼 때 화려한 프로그램들이 실제로 어떻게 운영되고 있는지는 직접 학교에 입학해서 생활하기 전까지는 알 수 없기에, 이는 실질적인 정보라 할 수 없습니다. 그래서 객관적인 평가가 가능한 '수치'로 이를 판단해야 하는데, 그것이 바로 4년제 대학 진학률입니다.

물론 이러한 수치만으로 학교의 모든 것을 파악할 수 있다고 말할 수는 없습니다. 그러나 진학률이 높다는 것은 그만큼 들러리로 전락하는 학생들이 적다는 의미 아닐까요? 내신에서 밀리면 내신의 영향력이 낮은 다른 전형 혹은 정시 모집에 집중적으로 준비하면 되는데, 진학률이 낮은 학교들은 이러한 준비를 제대로 하지 못하고 있음을 반증하는 것이라는 생각이 듭니다.

무엇이 중요한가

✦

갑자기 왜 이런 소리를 하나 싶겠지만, 학교별로 가지고 있는 장단점이 워낙 명확합니다. 좋기만 한, 내 마음에 쏙 드는 그런 학교가 어디 있겠냐는 거죠. 진학률이 낮은 학교에도 장점이 있습니다. 그만큼 상위권 관리는 뛰어나다는 점이죠! 자신이 상위권에 포함될 자신이 있으면 다른 학교보다 훨씬 유리하게 작용할 것입니다. 물론 전체적인 학습 분위기는 좋지 않을 수도 있겠죠. 반대로, 진학률이 높은 학교라면 내신 경쟁이 치열하다는 단점이 있습니다. 좋은 학습 분위기, 여러 전형을 준비하기에 용이하다는 점 등의 장점도 있을 테고요.

결국 또 뻔한 이야기를 해야겠습니다. 어딜 가든, 여러분이 잘해야 합니다. 그러나 자신의 상태를 잘 파악하고, 어떤 선택이 스스로에게 득이 될지 냉정하게 고민한 다음, 영리하게 생각하고 움직이면 좋지 않을까요? 교내 프로그램을 잘 확인하여 적극적인 참여를 하는 겁니다. 환경을 탓하며 비관적인 생각을 하기보단, 주어진 환경을 잘 이용하는 현명함이 필요합니다.

수능 시험장에서
해야 할 일, 하지 말아야 할 일

본인의 루틴대로 할 것

✦

수능 당일, 아침 식사를 하든 말든 본인의 평소 루틴대로 하세요. 물론, 아침밥을 먹는 것이 좋습니다. 두뇌 회전과 기타 등등 과학적인 이야기는 생략하겠습니다. 중요한 건 평소에 거르던 아침 식사를 수능날에만 챙기는 등의 행동은 하지 말라는 겁니다. 수능 시험 당일을 기점으로, 길면 한 달 전부터 자신의 생활방식을 맞출 필요가 있습니다. 아침 식사가 필요하다고 생각하면 한 달 전부터 시도하고 연습하세요. 생각지도 못하게 배가 아파서 화장실을 가게 될 수도 있고, 소화가 안 돼서 더부룩한 상태로 오전을 보내야 할지도 모릅니다. 하던 대로 하되, 변화를 줄 거라면 몸이 적응할 시간을 주는 연습을 하는 게 좋습니다.

시험장에 도착해서
무엇을 할 것인가

✦

수능 당일 아침 등교는 8시 10분까지입니다. 그렇다고 그 시간에 딱 맞춰 등교하는 학생은 극히 드물죠. 보통은 7시 30분 즈음 도착합니다. 점검해야 할 것들이 있거든요. 낯선 학교에 가서 시험을 치르다 보니 내가 시험 볼 교실을 찾아가는 데에도 '시간'이 필요하고, 그렇게 찾아간 교실에서 내 시험 좌석을 찾는 '시간'도 필요합니다. 자리를 찾으면 책상이나 의자가 흔들리진 않는지, 수험표와 신분증은 잘 챙겨왔는지 다시 한번 확인할 '시간'이 필요합니다! 그래서 아침엔 시간을 넉넉히 활용해야 합니다.

모든 점검이 끝나면, 어느 정도 두뇌를 회전시켜줘야 합니다. 그때, 절대 하지 말아야 할 것은 '문제를 푸는 일'입니다. 저는 재수생이던 시절, 수능 시험 당일 아침에 풀기 위해 비문학 지문 두 개를 남겨두었는데, 정말 두고두고 후회가 됩니다. 남겨둔 두 개의 문제 중 첫 번째 지문에서 문제를 틀려버렸던 것입니다! 아니나 다를까 두 번째 지문에도 또 틀린 문제가 있었습니다. 결국 불안한 마음을 안고 국어 시험을 치러야 했습니다. 그런데 언어영역 시험이 끝나고 그 불안함이 사라졌을까요? 뭔가 언어영역을 망친 것 같은 기분이 들어서 2교시에도 계속 신경이 쓰였습니다. 불안함이 계속 이어졌던 거죠.

시험장에 도착하여 문제를 푸는 대신, 기존에 정리했던 자신의 노트를 읽어보는 것이 좋습니다. 국어 시험 전엔 문학작품 정리 노트, 수학 시험 전엔 개념 정리 노트, 영어 시험 전엔 필수 단어 정리 노트나 문법 노트, 탐구 시험 전엔 또 개념 노트를 읽으며 나름의 '워밍업'을 해주면 됩니다. 수능 당일이 다가오면 꼭 여러분 나름의 '시뮬레이션'을 해보기 바랍니다. 짧은 쉬는 시간까지도 철저히 계산해서 준비해 보는 겁니다.

끝까지 학교에서
공부해야 하는 이유

✦

최근 들어 수능 직전까지 현장체험학습을 신청하여 편한 내 방이나 독서실에서 공부하는 친구들이 늘어나고 있습니다. 코로나 19로 인해 가정학습 기간이 늘어났기에 가능한 현상이기도 하지만, 어찌 되었든 결론적으로 이는 좋은 선택이 아닙니다. 인간은 적응의 동물이기 때문입니다. 조금 불편하더라도 시험장과 가장 유사한 분위기를 가지고 있는 '학교 교실'에서 공부할 수 있어야 합니다.

시험장이 어디인지는 수능 전날에야 알 수 있습니다. 그래도 어쨌든 그 시험장은 '학교'입니다. 어느 동네 독서실도 아니고, 누구네 집도 아닙니다. 내가 다니고 있는 우리 학교는 아닐지 몰라도, 학교인 것은 분명하니, 우리에겐 '불편함에 적응'하는 훈련이 필요합니다. 규격이 큰 수능 시험지를 펼치기에 그 학교의 책상이 비좁게 느껴질 수도 있고, 딱딱한 의자가 적응이 안 될 수도 있거든요. 그리고 무엇보다 시험장에선 나 홀로 시험을 보지 않기 때문에 여럿이 모여 있는 교실에서 공부하는 연습도 중요합니다. 지금 나열한 내용이 별것 아닌 것처럼 느껴질 수 있겠지만, 수능은 원하는 아무 때나 볼 수 있는 그런 성격의 시험이 아닙니다. 만반의 준비를 위해서, 우린 할 수 있는 것들을 다 해봐야 합니다.

세상이 바뀌어도
절대 달라지지 않는 것들이 있다

변화하는 교육정책

✦

교육은 국가 정책에 있어 가장 중요한 부분 중 하나입니다. 국민이라면 누구나 교육을 받아야 하고, 받을 권리도 있습니다. 그런데 모두가 만족할 수 있는 정책이란 이 세상 어디에도 존재하지 않습니다. 현재 상황만 봐도 그렇죠. 대학마다 전형이 다 다르고, 그 전형이 매년 바뀌고, 적응할 만하면 또다시 새로운 교육과정으로 개정됩니다. 더 나은 교육을 지향하는 것은 이해하지만, 자꾸 혼란을 가중하는 것은 결코 이해할 수 없습니다. 혼란뿐인가요. 공교육을 살리겠다며 시행했던 정책을 악용하여 공정성 문제를 불러일으킨

이들도 수두룩했습니다. 이제 어쩌면 공정성 문제를 해결하겠다며 과거로 역행하는 모습을 보일지도 모릅니다. 그런데 말입니다. 그래도 뭐, 상관없습니다.

우린 그 혼돈 속에서 살아남겠다고 늘 발버둥 쳐왔습니다. 앞으로도 마찬가지입니다. 발버둥치면 됩니다. 재빠르게 적응하여 험난한 길을 뚫고 앞으로 나아가면 됩니다. 그리고 역시나 변화 속에서도 묵묵히 살아남아 성취를 이뤄내는 이들에겐 공통점이 있습니다.

핑계를 만들지 말 것

✦

"저는 수시 말고 수능 준비해서 정시로 대학에 갈 거예요"라고 이야기하는 친구 대부분은 학교생활에 열심히 하지 않을 '핑계'로써 '정시'를 사용합니다. 내신 준비를 하지 않아서 성적이 나빠도 스스로 위안하죠. '어차피 난 정시로 갈 거라서 학교 공부 안 해도 돼'라면서 말입니다.

대학에 갈 수 있는 여러 방법을 앞서 소개했습니다. 성적이 좋고 목표를 성취하는 친구들은 한 가지에만 집중하지 않습니다. 쉽게 말하자면, 정시 성적도 좋고 수시 성적도 다 좋다는 겁니다. 매사에 성실하기에 가능한 일이죠. 이러한 부류의 학생들은 교육정책이 바뀌어도 절대 혼란스러워하지 않을 겁니다. 정책이 바뀐다고 '내게 유리한 것'을 찾아 고민하고 있을 것이 아니라, 어떤 정책이 펼쳐져도 상관없도록 실력과 성실함을 갖추는 것이 먼저입니다.

너무 빙빙 돌려 이야기한 것 같네요. 제 말은, 뭐든 다 해보라는 의미입니다. 어느 한 가지도 포기하지 말고 할 수 있는 것, 해야 하는 것들을 모조리 다 부딪혀 이겨내세요. 좁디좁은 대학의 문을 비집고 들어가기 위해 우린 끊임없이 몸과 마음을 괴롭혀야 합니다. 그래야 군살이 빠지니까요.

목적지로 가기 위한
경유지를 설정할 것

✦

현재 전교 100등인 친구가 있다고 가정해봅시다. 이 친구의 목표는 전교 1등이라 해도, 단 한 번의 시험으로 갑자기 1등을 하는 게 쉬울까요? 목표를 크게 가지되, 그 호흡 또한 길게 가져갔으면 합니다. 학교에서 교사로서 지켜봤을 때 쉽게 좌절에 빠지는 친구들이 많더라고요. 단계를 설정하고, 차근차근 밟아나가야 하는데 조급하게 목표가 이뤄지기만을 바라는 거죠. 단 며칠 만에 완성되는 공부법은 절대 없습니다. 그런 공부법이 있다면 그 개발자는 노벨상이라도 받아야 할걸요? 분명 우릴 혹하게 만들기 위한 '어그로'에 불과합니다.

성적은 분명, 노력에 비례합니다. 그리고 그래야만 합니다. 그래서 우린 최대한 일찍부터 공부를 시작해야 하고요. 목표를 향해 나아가는 과정에 실패가 있더라도, 그것조차 과정이라 생각하고 끝까지 달려나갑시다.

내 편을 찾을 것

✦

저는 2014년에 처음 고등학교 교사가 되었고, 당시 1학년 국어를 담당했습니다. 그리고 그 아이들과 3년을 함께 보냈습니다. 순차적으로 2학년, 3학년을 연이어 지도하게 되었거든요. 이들이 졸업할 때 정말 펑펑 울었던 기억이 납니다. 첫 제자들을 보내는 그 마음은 정말이지…. 이듬해 저는 다시 1학년 지도교사가 되었고, 그 친구들에게 이런 말을 했습니다. "첫 제자들을 보낸 지 얼마 되지 않아서, 너희에게 마음을 열기가 쉽지 않다. 그렇지만 노력하겠다." 대체 이따위 말을 왜 했는지 모르겠네요. 지금 생각하면 어처구니가 없을 정도죠. 그렇게 새롭게 만난 아이들을 졸업시킬 때도, 전 눈물 콧물 다 쏟아가며 펑펑 울었거든요.

세상 모든 선생님의 마음은 같으리라 생각합니다. 학생이란 이유만으로, 여러분은 사랑받기에 충분합니다. 그래서 늘 다그치고,

가르칩니다. 여러분이 가진 목표를 성취하길 바라는 마음에, 좀 더 나은 세상을 살아가길 바라는 마음에, 지식이든 노하우든 하나라도 더 알려주고 싶기 때문일 겁니다.

선생님뿐이겠습니까. 자식을 아끼는 부모님의 마음, 힘이 되어주고픈 친구의 마음…. 세상엔 여러분의 편이 되어 줄 수 있는 사람이 반드시 있습니다. 홀로 걷는 길이 아님을 명심하기 바랍니다. 그 힘이 여러분 앞에 놓인 고난과 함께 싸워줄 무기가 될 테니까요.

미약한 힘이라도 가닿길
바라는 마음으로

　전 세계를 지배해버린 전염병이 대한민국의 어느 작은 고등학교에도 영향을 끼쳤습니다. 아이들이, 학교에 올 수 없었습니다. 틈날 때마다 아이들과 소통하고자 애썼습니다. 녀석들은 모두 다르면서도, 비슷한 꿈을 가지고 있더라고요. 조금이라도 더 나은 대학에 진학하겠다는 꿈. 그 꿈이 옳으냐 그르냐를 따질 생각은 없었습니다. 자신이 펼쳐나갈 미래에 대학이 필요하다면, 교사로서 전 최대한 도와주고 싶을 뿐이었죠.

　하지만 그러기가 힘들었습니다. 만나지 못하는 아이들과 온전한 대화를 하기란 쉽지 않았고, 그렇게 '비대면'으로 채워지는 시간이 늘어났습니다. 그때부터 저는 '만남의 방식'을 달리해야겠단 생각이 들었죠. 달리한다기보단, 또 다른 만남의 방식을 만들어야겠다고 맘먹었달까요. 학생들의 목표를 실현하기 위해 도움이 될 새로운 만남의 방식으로 제가 선택한 길은 바로 '책'입니다. 이 책이 바로 그 결과입니다.

여러분이 가슴에 품고 있는 세상을 그려나갈 때 붓이 되고, 물감이 되는 그런 역할을 하고 싶었습니다. 변해가는 교육 현장에서 우린 학생부 종합전형, 고교학점제, 내신, 수능 등 수많은 것들에 의해 혼란을 겪을 겁니다. 그 혼란 속에서 견뎌낼 힘, 그 힘을 저의 현장 경험을 통해 얻어가길 바랍니다.

2022년 봄날에,

웅숭깊은 라쌤